秘鲁古代陶器与文化

陈锐 著

湖南大学出版社

·长沙·

内 容 简 介

秘鲁，一个地处南美洲的神秘国度。古代秘鲁人将精神信仰、祀神祭祖、生产劳作和生活日常的场景以及各种人物、动物和植物的形象用陶塑和彩绘的形式呈现在器物上，让没有文字记载的秘鲁历史文化鲜活起来。造型多样、纹饰丰富的古陶器里蕴含了大量历史文化信息，是连接秘鲁古今、打开通往秘鲁古代神秘世界大门的钥匙。本书基于考古学和文化艺术视角，从秘鲁古陶器的胎、彩、造型、纹饰和工艺等多维度出发，阐述秘鲁古陶器的发展进程、各阶段陶器的特征和各地区陶器的特色，论述不同阶段和不同地区古陶器之间的相互影响与传承关系，探寻蕴藏在秘鲁古陶器里的印第安人的精神信仰和社会生活。

图书在版编目（CIP）数据

秘鲁古代陶器与文化 / 陈锐著. — 长沙：湖南大学出版社，2023.5
ISBN 978-7-5667-2999-6

Ⅰ.①秘…　Ⅱ.①陈…　Ⅲ.①古代陶瓷—文化研究—秘鲁　Ⅳ.①K887.786.3

中国国家版本馆CIP数据核字（2023）第093735号

秘鲁古代陶器与文化
BILU GUDAI TAOQI YU WENHUA

著　　者：陈　锐
责任编辑：周文娟
整体设计：闰江文化
印　　装：湖南天闻新华印务有限公司
开　　本：787 mm×1092 mm　1/16　　　　印　张：13　字　数：209千字
版　　次：2023年5月第1版　　　　　　　　印　次：2023年5月第1次印刷
书　　号：ISBN 978-7-5667-2999-6
定　　价：198.00元

出 版 人：李文邦
出版发行：湖南大学出版社
社　　址：湖南·长沙·岳麓山　　　　　　邮　编：410082
电　　话：0731-88822559（营销部）　　88821174（编辑部）　　88821006（出版部）
传　　真：0731-88822264（总编室）
网　　址：http://www.hnupress.com

前　言

秘鲁作为人类古代文明发祥地之一，15000 年前就有人类在此繁衍生息。考古界普遍认为，秘鲁最早居民是穿过白令海峡逐渐由北向南迁徙的亚洲移民。人类学家对两组人群DNA 测定比对研究也证明了这一推断。[1]

秘鲁印第安人先祖最早居住在山洞、岩穴里，以狩猎采集为生。前陶器时期（前 6000—前 1500 年）之初，安第斯山的秘鲁居民发展农耕，改良作物，驯化动物，从事纺织，建造房屋，形成了规模化的村落聚居。公元前 3000 年至公元前 2500 年，秘鲁出现大规模公共祭祀场所。公元前 2000 年至公元前 1500 年，秘鲁沿海地区和高海拔地区出现阶级分化。前陶器时期晚期，陶器迅速发展并普遍推广到秘鲁安第斯山全域。

秘鲁印第安人没有发明文字，其历史文化无文献记载。所幸秘鲁古陶器的发展贯穿秘鲁古代文明 3000 多年，为探索秘鲁古代世界打开了一扇窗。秘鲁古陶器不仅数量庞大，且造型奇特多样，纹饰多姿多彩，蕴含了丰富的历史文化信息，是研

1　Dr.Ken-ichi Shinoda:《人类迁移及到达安第斯后的生活》,《安第斯文明特展：探寻印加帝国的起源》，第 28—29 页，文物出版社，2019 年。

究秘鲁古代文化的珍贵资料。因此，对秘鲁古陶器的研究，可
为探索秘鲁历史文化作出一定贡献。

目前，研究秘鲁古陶器的中文书籍阙如。研究秘鲁古陶器
的外文书籍也寥寥无几，运用的材料多为单一收藏机构所藏的
秘鲁古代陶器，论述的主要方式为：分南北两大区域来阐述秘
鲁古代陶器[1]，或按时段论述秘鲁古陶器的发展[2]，都极少论及
秘鲁古陶器里所蕴藏的文化。

鉴于此，我们研究秘鲁古陶器的发展历程、各阶段的陶器
特征和不同地区的陶器特色及其相互影响与传承，以展现秘鲁
灿烂的古代文明。一方面遴选秘鲁各大博物馆珍藏的秘鲁古陶
器的典型器及美国大都会艺术博物馆等机构收藏的秘鲁古陶器
精品来论述秘鲁古陶器发展进程及特征，让读者了解秘鲁古陶
器的独特魅力。另一方面，探索秘鲁古陶器里蕴含的秘鲁古代
文明，向读者揭示秘鲁古代文明与华夏史前文明两个相隔数万
里的古文明间存在的相似之处。通过对两者共性的研究，发现
中国史前史考古及其研究成果可增进对秘鲁古代文化的解读，
而秘鲁古陶器丰富的造型和纹饰亦可为研究华夏史前文明提供
参考和借鉴。

---

1   Alan R. Sawyer: *Ancient Peruvian Ceramics the Nathan Cummings Collection*,
New York Graphic Society, 1966.
2   Christopher B. Donnan: *Ceramics of Ancient Peru*, Regents of the University of
California,1992.

Foreword

Foreword to the *Ancient Peruvian Ceramics and Culture* by Chen Rui

Izumi Shimada

Professor of Anthropology emeritus and the Distinguished University Scholar emeritus, Southern Illinois University, Carbondale, Illinois, USA 62901; ishimada@siu.edu

Having spent much of the past five decades investigating technology and organization of ancient craft production of the Central Andes of South America（where the modern nation of Peru is located）, particularly the production of ceramics and metallurgy, it gives me much pleasure to write the Foreword to this book that offers for the first time in China an in—depth picture of ancient Peruvian ceramics and what they can tell us about broader aspects of on—literate cultures and societies. It is doubly rewarding to learn that the author was inspired to write this book after she curated the "Exploring the Origin of the Inca Empire — Ancient Peruvian Civilization Exhibition" that I designed and for which I selected objects to be displayed.

Although sophisticated information recording and accounting devices existed in the pre—Hispanic civilization of the Central Andes, a writing system never developed. Ceramics, however, served as a durable, highly visible, and portable medium of communication. Ceramics and textiles were the two main media of communication in the Andes and deserve our in—depth and comprehensive examination to extract as much encoded information about the culture and people who produced and used them.

The earliest ceramics of the New World are generally thought to have been developed in the lowlands （coast） of Colombia and Ecuador around 3500—3300 BC perhaps as a more heat—resistant and versatile expressive medium to supplant gourd （Lagenaria siceraria and a variety of Cucurbita pepo） vessels. Once this craft was introduced to Peru around 2000—1800 BC, it rapidly spread throughout the country with different regions developing their own distinct stylistic and technological traditions. In various regards, a succession of cultures on north and south coasts took creative leads. Starting in mid—second millennium BC to the time of the Spanish Conquest of the Inka Empire（ca. AD 1535）, north coastal cultures established a persistent tradition of sculptural and naturalistic （realistic） artistic representations while limiting the palette to just two to three colors. In fact, the Mochica （Moche） of first millennium AD not only represents the pinnacle of this tradition, but also is regarded as one of the three great narrative ceramic art styles of the ancient world （along with Classic Greek and Classic Maya）. In contrast, the contemporaries on the south coast opted for a more stylized and colorful （polychromatic）representations. It is believed that the ancient Peruvian polychrome（up to 13 distinct colors on a single vessel） ceramics originated on the south coast, perhaps stimulated by equally polychromatic textiles there.

Technologically, ancient Peruvian pottery pales in comparison with ancient Chinese ceramics. High temperature—producing "climbing kilns" （龙窑） and vitreous glazes never developed in the ancient New World. Only a few Peruvian cultures utilized small, semi—closed kilns or attained firing temperatures above 1000 ℃. Kaolin deposits abound in the north highlands of Peru and were mined to produce ceramics, but porcelain never developed in ancient Peru.

This sort of technological comparison, however, is not useful if we are interested in extracting information from ceramics about world and religious views, life concerns and priorities, lifestyle, and the sense of identity of people who made and used them.

Ceramics are after all, highly rich source of information on these matters and ancient Peruvian potters left us with impressive arrays of painted and/or modeled pottery depicting anything from human sexual activities, human sacrifices, deceased ancestors, deities, shamanistic activities, and mythological monsters, to feasting, farming, weaving, and child rearing. These ceramics are veritable ethnographic representations that go a long way to counter the challenge of not having indigenous written documents.

I am very pleased that the author has dedicated a large segment of her book to explore and discuss cultural and social knowledge extracted or extractable from ancient Peruvian ceramics. I hope this book will stimulate many Chinese readers to delve into ancient Peruvian arts and crafts and will represent the beginning of many Chinese publications on these topics.

May 3, 2023

译序

为陈锐著《秘鲁古代陶器与文化》作此序

岛田泉

美国南伊利诺伊大学人类学教授，大学杰出学者，荣誉退休教授，卡本代尔，伊利诺伊州，美国 62901；ishimada@siu.edu。

过去五十年里，我一直致力于探究南美中部安第斯山脉地区（今秘鲁所在地）古代工艺的生产技术和组织形式，特别是陶器和冶金制品的生产。我很高兴能为此书写序，因为这是一本中国首次深入了解古代秘鲁陶器以及古陶器中蕴含的文化和社会诸方面信息的著作。更令人愉悦的是，我得知作者是在策划"秘鲁古代文明展——探寻印加帝国的源流"后受到启发，撰写了此书，而我曾设计了该展览并为之挑选展品。

虽然在前哥伦布时期的中部安第斯文明中存在着复杂的信息记录和计算方法，但并没有发展出书写系统。然而，陶器作为一种经久耐用、普遍可见和易于携带的介质，得以在文化交流中扮演重要角色。在安第斯地区，陶器和纺织品是传播的主要介质，值得我们深入全面的研究，以从中提取尽可能多的有关文化以及制造和使用者的信息。

新大陆最早的陶器被普遍认为于公元前 3500 年至公元前 3300 年左右从哥伦比亚和厄瓜多尔的低地（海岸）发展而来，作为一种更耐热更通用的介质，以取代葫芦和各种南瓜器皿。陶器烧造技艺在公元前 2000 年至公元前 1800 年传至秘鲁后，便迅速传播到全国各地，并形成了不同的地方风格和技术传统。在各个方面，位于秘鲁北部和南部海岸的一系列文化扮演了创造性的角色。从公元前二千纪的中期到西班牙人征服印加帝国（约公元 1535 年），北海岸的文化建立了持久的以雕塑和自然主义（写实主义）为风格的艺术表现传统，并将颜色限制在两到三种。事实上，处在公元一千纪的摩奇卡（莫切）文化不仅代表着这种传统的巅峰，而且被认为是古代世界三大叙事风格陶器艺术之一（与古典希腊和古典玛雅并列）。相比之下，南海岸的同时代人则选择了更加风格化和色彩丰富的表现形式。古代秘鲁的多彩陶器（单个器皿上最多有 13 种不同的颜色）起源于南部沿海，可能是受到其同样多彩的纺织品的启发。

从技术上讲，秘鲁古代陶器与中国古代陶瓷相比，显得相形见绌。古代新大陆从未发展出高温烧制的"攀登式窑炉"（龙窑）和玻璃釉。只有少数秘鲁文化使用小型、半封闭式窑炉或烧造温度达到了 1000℃以上。虽然秘鲁北部高地有大量高岭土被开采用于制作陶器，但古代秘鲁从未发展出瓷器。

然而，如果我们意在从陶器中提取有关世界和宗教观念、人文关怀、生活方式以及制造和使用陶器者的信息，那么上述技术相对而言是没有用的。毕竟，陶器是高度丰富的信息源，古代秘鲁陶工们给我们留下了各种各样的令人印象深刻的彩陶和陶塑容器，展现了从两性生活、祭祀活动、已故祖先、神灵、萨满仪式和神话怪物，到庆典、农作、纺织和养育孩子的各种场景。这些陶器是名副其实的民族志代表，在很大程度上弥补了秘鲁古代没有文献的缺陷。

我非常高兴作者在她的书中专门探讨了从古代秘鲁陶器中提取或可提取的文化和社会知识。我希望这本书能够激发许多中国读者对古代秘鲁艺术和手工艺的深入探究，并成为许多中国出版物探讨这些主题的开端。

2023 年 5 月 3 日

凡　例

1. 本书图片编号以章为单位，连续编号，如第一章以图 1.1、图 1.2、图 1.3 的方式依次标号，第二章为图 2.1、图 2.2、图 2.3 依次标号。

2. 凡是首次出现的图片均在图片编号上用脚注形式注明出处，再次出现则不再标注出处。

3. 凡是采用考古学文化命名的秘鲁古陶器类型，首次出现时名称里带"文化"，再次出现则省去"文化"，如查文文化陶器、帕拉卡斯文化陶器、莫切文化陶器，再次出现时则称为查文陶器、帕拉卡斯陶器、莫切陶器。

目　录

第一章

秘鲁陶器的形成与发展

图 1.1 卡拉尔遗址泥塑人像

秘鲁先民烧造陶器之前经历了制作泥塑的阶段。泥塑为秘鲁古代陶塑的烧造奠定了基础。公元前 3000 年至公元前 2500 年，秘鲁境内出现公共祭祀场所。卡拉尔遗址是其中一座祭祀场所，也是美洲最古老的文化遗产之一，位于秘鲁首都利马以北的苏佩河谷，占地面积 0.6 平方千米，建有 6 座巨型阶梯状祭坛，规模宏大，构造复杂，被联合国教科文组织列入世界文化遗产名录。该遗址出土了秘鲁最早的泥塑之一的泥塑人像（图 1.1）[1]，高 9.3 厘米，是秘鲁卡拉尔 – 苏佩考古项目组发掘出土的。泥塑呈站姿，头戴环形帽，两缕头发垂落胸前，双臂紧贴身体，腰间系宽带。泥塑人像对烧造陶塑人像具有启蒙意义。

在距卡拉尔遗址不远的曼奇遗址出土了一件陶塑人像（图 1.2）[2]，其烧造年代在公元前 1000 年至公元前 800 年，高 47.6 厘米。陶塑人像呈站姿，制作精细，面部陶衣浅黄色，身体陶衣棕红色，并经打磨抛光处理。人像圆月形脸庞，五官分明，头上戴有发箍，两缕头发过肩垂至胸前，头发用黑彩上色，黑彩有脱落，手臂紧贴身体。有些特征与卡

图 1.2 曼奇遗址陶塑人像

1　中国国家博物馆编：《失落的经典：印加人及其祖先珍宝精粹》，第 41 页，中国社会科学出版社，2006 年。
2　此图由秘鲁国家考古学人类学历史学博物馆提供，图中的文物为湖南省博物馆"秘鲁古代文明展——探寻印加帝国的源流"展品。

拉尔遗址泥塑人像相似。

曼奇遗址陶塑人像内部中空，其耳孔、眼珠、鼻孔、嘴巴与躯体相通，在烧造时作为气孔，排出胎体在烧造过程中产生的气体，可有效防止陶塑变形。由泥塑到陶塑，从日光晒制到窑火烧制，其制作实现了技术上质的飞跃。

泥质到陶质的突破得益于陶器烧造技术的传播。秘鲁烧造陶器的技术源自其北面的厄瓜多尔和哥伦比亚。公元前 3500 年至公元前 3000 年，哥伦比亚和厄瓜多尔沿海一带开始烧造陶器。公元前 1800 年左右，陶器烧造技术传到秘鲁北部地区，然后沿着秘鲁西海岸迅速地从北往南传播。

秘鲁西海岸从北至南是一条狭长地带。虽临太平洋，但雨量稀少。[1] 秘鲁首都利马地处西海岸中部，素有"无雨城"之称，冬季多浓重湿雾。秘鲁南部降雨也很少，是世界上最为干旱的地区之一。尽管如此，这条狭长地带却是秘鲁从古代至当代最富饶的区域，也是秘鲁古代文明的孕育之地。这是因为从北至南安第斯山融雪形成的 60 余条短而湍急的河流流经了这片区域，滋养、哺育了这块神奇的土地。秘鲁古陶器也诞生、发展和兴盛于此。

我们通过全面分析秘鲁古陶器的典型器的胎体、纹饰、造型和装饰技法等方面的特征，再从陶器特征来考察各地域之间秘鲁古陶器的交流和各时期古陶器的传承，将秘鲁古陶器的发展划分为四大时期：陶器形成与发展期、繁荣与兴盛期、融合与停滞期、趋同与衰落期。公元前 1800 年至公元前 100 年是秘鲁古代陶器的形成与发展期。这一时期，秘鲁北部烧造陶器早于南部，而南部早期陶器烧造受到北部制陶技术影响。随着陶器烧造的普及，以及受到地理、生态和人文等因素影响，秘鲁古陶器呈现出南北差异化发展。

---

1 何国世：《秘鲁史：太阳的子民》，第 7 页，三民书局股份有限公司，2019 年。

第一节　北部陶器的形成与发展

依据陶器出土地及其特征，我们将北部陶器划分为三个地方类型，分别是查文·德万塔尔文化陶器、库比斯尼克文化陶器和登布拉德拉文化陶器。这三个地方类型之间存在共同之处，又具有一定的差异。

一、查文陶器

查文陶器以查文·德万塔尔遗址[1]及其周边山地遗址出土的陶器为代表。查文·德万塔尔遗址位于海拔 3180 米的安第斯山区，神庙所处的地理位置极佳。美洲考古学家理查德·伯格曾说："在安第斯山区没有几处遗址比查文·德万塔尔神庙的地理位置更好，因为它正好位于连接海岸、山区和热带低地的自然交通要道上。秘鲁高山与陆地的分水岭——高耸的科迪勒拉山系中只有十条无雪通道，而查文·德万塔尔神庙正好位于其中的一条通道上。同时，该遗址也是向东流淌的莫斯纳河与向北流淌的瓦切克撒河的交汇之地，两河同时汇入马拉尼翁河，在东部形成了一道天然走廊。"[2]在古代秘鲁，两河交汇处是交通要道，更是具有神秘力量的神圣之地。查文·德万塔尔遗址神奇的地理位置以及广场、地下道路和神秘的石雕神像等，有力证明了这里有着强大的宗教魅力，来此地的祭拜者无论从感官上还是在精神上都被深深打动。[3]

查文·德万塔尔遗址及其周边出土的陶器是查文陶器的典型器物，代表查文文化时期陶器在艺术、装饰和制作上的最高水准。查文陶器标准器制作规整，

1　Richard Burger L.: *The Prehistoric Occupation of Chavín de Huántar, Peru*, University of California Publications in Anthropology, 1984.

2　（美）戴尔·布朗主编，陈雪松译：《安第斯之谜：寻找黄金国》，第 64 页，广西人民出版社，2002 年。

3　Izumi Shimada：《查文的宗教和文化》，《安第斯文明特展：探寻印加帝国的起源》，第 32 页，文物出版社，2019 年。

器形有长颈瓶、马镫口瓶和碗等，胎体厚重，胎色以单色居多，其中以棕灰色为主，兼有黑色、灰色和米色（图1.3—图1.9）。

查文陶器在装饰手法上，以雕刻、刻花和堆塑为主，尤以雕刻见长。查文陶工雕刻技法娴熟，刀工犀利，深浅有度，具浅浮雕效果，与查文石刻有异曲同工之妙。如查文雕刻獠牙神面纹马镫口陶瓶（图1.3），通体浮雕纹饰，马镫口上雕刻蛇纹和獠牙神面纹，球形腹上雕刻蛇发獠牙神面纹，利落的刀工赋予了这件陶器以神秘的气息。又如查文美洲虎形马镫口陶瓶（图1.4），整体被雕刻成一只美洲虎蹲坐姿态，其眼睛、鼻子、嘴巴、平齿、獠牙、四肢和利爪被雕刻得生动传神，刀刀锋利，无多余线条。查文陶器上所雕线条既有力度又生动自然（图1.8），所刻线条清晰流畅（图1.9）。纵观秘鲁各时期古陶器，查文陶器在雕刻技艺上无出其右者。此外，查文工匠开创了采用堆塑技法装饰陶器的先河。查文陶器上的堆塑本身就是一件陶塑作品，具有艺术感染力。如查文堆塑美洲虎捕猎陶碗（图1.7）上堆塑的美洲虎，眉毛上扬，两眼圆睁，大嘴张开，露出上下两对锋利的獠牙，用利爪锁住羊驼咽喉，拖着羊驼作前行状。美洲虎和猎物羊驼身上所刻的几何纹有所不同，体现出动物各自的皮毛特色：同心圆纹表示美洲虎身上的斑点，而竖条纹则更好地表达了羊驼毛的质感。

在装饰技法上，查文陶器有个显著特点，即器表经抛光打磨处理。黑胎陶器通体抛光后，其表面会呈现出黑亮的金属光泽。眼部抛光则显得眼睛炯炯有神。獠牙处抛光显得利齿锋利无比。主体纹饰抛光形成强烈视觉对比，如查文刻花卉纹陶瓶（图1.6），仅抛光花卉纹，主纹与地纹，一亮一暗，形成对比，富有艺术美感。经研究表明，查文陶器抛光技术源自库比斯尼克陶器抛光打磨技术。查文工匠吸收此技艺后，将其运用到查文陶器最具特色的雕刻装饰陶器上，将两者完美融合。查文雕刻獠牙神面纹马镫口陶瓶（图1.3）便是雕刻与抛光技艺相结合的典范，深雕剔刻的纹饰上经过反复打磨，乌黑发亮，散发独特魅力。

陶器上的纹饰和造型最能体现陶器所处时代和地域风格，也最能反映出背后的历史文化信息。为了更好地探索秘鲁古代陶器与文化，我们将在本书中重点研究陶器上的纹饰以及陶塑容器。值得注意的是，秘鲁古陶器中有大量各种造型和造像的陶塑容器，这是其他文明陶器中不多见的现象。陶塑容器

图 1.3 查文雕刻獠牙神面纹马镫口陶瓶

图 1.4 查文美洲虎形马镫口陶瓶

查文雕刻獠牙神面纹马镫口陶瓶（图
1.3）[1]，高 22.6 厘米，黑胎，瓶口部、颈
部和提梁浑然一体，呈马镫形，球形腹，
平底，通体雕刻纹饰。

查文美洲虎形马镫口陶瓶（图
1.4）[2]，高 30.5 厘米，胎色棕灰，
马镫口，器身为蹲式美洲虎形，平底。

查文刻动物纹长颈陶瓶（图 1.5）[3]，高
24.4 厘米，胎色棕灰，敞口，长颈，斜肩，扁腹，
平底，外壁刻有艺术化的美洲虎纹和盘绕的
蛇纹。

图 1.5 查文刻动物纹长颈陶瓶

1   此图由秘鲁国家考古学人类学历史学博物馆提供，图中的文物为湖南省博物馆"秘鲁古代文明展——
探寻印加帝国的源流"展品。
2   同上。
3   中国国家博物馆编：《失落的经典：印加人及其祖先珍宝精粹》，第52页，中国社会科学出版社，2006年。

图 1.6 查文刻花卉纹陶瓶

图 1.7 查文堆塑美洲虎捕猎陶碗

查文刻花卉纹陶瓶（图 1.6）[1]，高 30 厘米，胎色棕灰，敞口，长颈，溜肩，直腹，平底，外壁拍印方格纹作地子，再刻五瓣花卉纹。

查文堆塑美洲虎捕猎陶碗（图 1.7）[2]，通高 19.9 厘米，胎色棕灰，敛口，深腹，圜底，碗口沿一侧堆塑一只捕获了猎物的美洲虎，外壁刻双圈纹和重菱纹，二方连续式构图。

图 1.8 查文雕刻獠牙神面纹陶碗

查文雕刻獠牙神面纹陶碗（图 1.8）[3]，高 11.8 厘米，胎色灰，敞口，深腹，平底，碗外壁雕刻獠牙神面纹，融合了人面与美洲虎面的特征。

1　中国国家博物馆编:《失落的经典: 印加人及其祖先珍宝精粹》，第 51 页，中国社会科学出版社，2006 年。
2　此图由秘鲁拉鲁克博物馆提供，图中的文物为湖南省博物馆"秘鲁古代文明展——探寻印加帝国的源流"展品。
3　此图由秘鲁中央银行附属博物馆提供，图中的文物为湖南省博物馆"秘鲁古代文明展——探寻印加帝国的源流"展品。

图 1.9 查文刻动物纹陶碗

　　查文刻动物纹陶碗（图 1.9）[1]，高 8.8 厘米，胎色棕灰，敞口、直壁内收，平底，外壁和外底雕刻动物纹，纹饰为美洲虎和蛇交织缠绕，满工雕刻，线条有力。

不仅是实用陶器，而且是陶塑作品，既有别于陶塑艺术品，又不同于普通容器，是两者的结合。对陶塑容器的深入研究，有利于我们进一步了解古代秘鲁人的信仰、祭祀、神灵、神怪、祖先、人像、生产劳作、建筑物、农作物等各方面信息。

　　查文陶工开创了将秘鲁陶塑造型艺术与容器功能完美结合的新方法。查文陶器中最具特色的造型和纹样是美洲虎。美洲虎又称美洲豹，体形似虎，身上的花纹像豹，兼有虎的力量和豹的灵敏。美洲虎栖息在安第斯山脉的广大区域，是美洲最大的猫科动物，也是美洲大陆上最凶猛的动物。美洲虎有异常惊人的咬合力，特别擅长用獠牙袭击猎物头部，直接咬穿猎物的颅骨，对猎物造成致命攻击。故查文陶工在雕刻美洲虎时，特别注重表现其锋利的獠牙——两对獠牙，一上一下，互相咬合。

　　查文陶器上的主体纹样多为动物纹和超自然生物纹。动物纹以大型美洲猫科动物纹为主，蛇纹次之，美洲猫科动物和蛇分别是陆地和地下神灵的代表。超自然生物纹多为美洲虎的獠牙和人类的脸庞组合而成的查文神纹。猫科动物

1　中国国家博物馆编：《失落的经典：印加人及其祖先珍宝精粹》，第 50 页，中国社会科学出版社，2006 年。

和超自然生物都注重獠牙的表现。查文陶器辅助纹饰则以几何纹为主，有圆圈纹、双圈纹、圈点纹、菱格纹、方格纹等。查文陶器上的纹饰与查文神庙遗址石刻上的美洲虎纹、蛇纹、神人纹和几何纹饰很相似。可以说，查文陶器纹饰的特色在于具有强烈的宗教性质。

查文人吸收融合其他地区优秀制陶技艺而制作的陶器，随着查文强大宗教影响力传播到了秘鲁沿海和山区的广大地域。

二、库比斯尼克陶器

库比斯尼克陶器以奇卡玛河谷库比斯尼克地区[1]出土的陶器为代表。位于兰巴耶克河谷的琼戈亚佩地区出土的陶器与库比斯尼克陶器高度相似，因此我们将其归入库比斯尼克陶器类型。库比斯尼克陶器胎体较厚，胎色有深灰、土黄、棕黄、棕红和黑色等。器表多为素色，兼有少许彩绘。器壁打磨光亮，且光泽度高（图1.10—图1.18）。

库比斯尼克陶器装饰手法有抛光、雕刻、刻花、彩绘和拍印等。从现有考古资料看，秘鲁最早的抛光陶器是库比斯尼克陶器。几乎每件库比斯尼克陶器表面都有抛光痕迹，抛光处极富光泽感。有的器物整器抛光，有的仅主体纹饰抛光，有的施陶衣再抛光。动物的眼睛皆被抛光，故生动有神。抛光陶器表面是库比斯尼克陶器的一大装饰特色，并对查文陶器产生重要影响。这种装饰技法经由查文陶器而传播到更远地区，影响了秘鲁南部的帕拉卡斯文化陶器。与此同时，库比斯尼克陶工也吸收了查文陶器的雕刻和刻花装饰技艺。然而，他们的雕刻水平不如查文陶工，库比斯尼克陶器上雕刻的线条不及查文刚劲有力。

库比斯尼克陶塑与秘鲁泥塑有相似之处，反映了陶塑与泥塑在塑像上的关联性，更体现出秘鲁古代文明的一脉相承。如库比斯尼克吹笛男子陶塑（图1.10）与卡拉尔遗址出土的泥塑人像（图1.1）都戴帽，手臂都紧贴身体两侧，腰间皆系有宽带，且带结于身前。

1　Larco Hoyle Rafael: *Los Cupisniques*, Sociedad Geográfica Americana, 1944.

图 1.10 库比斯尼克吹笛男子陶塑

图 1.11 库比斯尼克獠牙兽面纹陶瓶

库比斯尼克吹笛男子陶塑（图 1.10）[1]，高 17.5 厘米，陶塑中空，胎色土黄，胎质疏松，胎土含有颗粒，器表上有棕黄色陶衣，部分陶衣脱落。

库比斯尼克獠牙兽面纹陶瓶（图 1.11）[2]，高 17.8 厘米，外壁戳印短线纹为地纹，腹中部雕刻獠牙兽面纹并抛光。

库比斯尼克人形马镫口陶瓶（图 1.12）[3]，高 15.5 厘米，胎色棕红，器身为人形，马镫口横向安装在人的头顶部。

图 1.12 库比斯尼克人形马镫口陶瓶

1　此图由秘鲁利马博物馆提供，图中的文物为湖南省博物馆"秘鲁古代文明展——探寻印加帝国的源流"展品。
2　美国大都会艺术博物馆官网上该文物网址：https://www.metmuseum.org/art/collection/search/314687。
3　此图由秘鲁中央银行附属博物馆提供，图中的文物为湖南省博物馆"秘鲁古代文明展——探寻印加帝国的源流"展品。

图 1.13 库比斯尼克仙人掌形马镫口陶瓶

图 1.14 库比斯尼克水果形马镫口陶瓶

库比斯尼克仙人掌形马镫口陶瓶（图 1.13）[1]，高 16 厘米，胎色棕红和土黄，棕红色的几何形瓶体上塑有一株土黄色圣佩德罗仙人掌。

库比斯尼克水果形马镫口陶瓶（图 1.14）[2]，高 26.7 厘米，胎色棕黑，瓶身造型为陶盆盛放的切里莫亚果。

库比斯尼克鸮形陶瓶（图 1.15）[3]，高 20 厘米，胎色棕灰，瓶身造型为鸮，瓶口安在鸮的头顶部。

图 1.15 库比斯尼克鸮形陶瓶

1　此图由秘鲁拉鲁克博物馆提供，图中的文物为湖南省博物馆"秘鲁古代文明展——探寻印加帝国的源流"展品。

2　美国大都会艺术博物馆官网上该文物网址：https://www.metmuseum.org/art/collection/search/309510。

3　美国大都会艺术博物馆官网上该文物网址：https://www.metmuseum.org/art/collection/search/309512。

图 1.16 库比斯尼克猴形马镫口陶瓶

图 1.17 库比斯尼克蟹形马镫口陶瓶

库比斯尼克猴形马镫口陶瓶（图 1.16）[1]，高 26.5 厘米，胎色灰白，器表上有棕红、黑褐两种彩料，并被打磨得光亮，猴身上刻有双圈纹和蜘蛛纹等。

库比斯尼克蟹形马镫口陶瓶（图 1.17）[2]，高 24.6 厘米，胎色深棕，马镫口，瓶身造型为趴在球体上的螃蟹，平底。

图 1.18 库比斯尼克美洲虎纹蛇纹马镫口陶瓶

库比斯尼克美洲虎纹蛇纹马镫口陶瓶（图 1.18）[3]，高 24.1 厘米，胎色棕，马镫口，长方体瓶体外壁高浮雕美洲虎纹和蛇纹，平底。

1　此图由秘鲁利马博物馆提供，图中的文物为湖南省博物馆"秘鲁古代文明展——探寻印加帝国的源流"展品。
2　中国国家博物馆编：《失落的经典：印加人及其祖先珍宝精粹》，第 65 页，中国社会科学出版社，2006 年。
3　美国大都会艺术博物馆官网上该文物网址：https://www.metmuseum.org/art/collection/search/309519。

库比斯尼克陶器的纹样深受查文陶器影响，这主要表现在具有浓郁宗教特色的纹饰上。库比斯尼克陶器外壁常刻有獠牙神面纹和獠牙纹，如库比斯尼克水果形马镫口陶瓶（图1.14）的外壁下部所刻獠牙神面纹与查文陶器上的獠牙神面纹相似。美洲虎纹和蛇纹也是库比斯尼克陶器上的经典题材。如库比斯尼克美洲虎纹蛇纹马镫口陶瓶（图1.18）上雕刻的美洲虎纹和蛇纹，不仅雕刻手法与查文陶器相同，而且美洲虎身上的双圈纹也与查文陶器上的一样。颇有意思的是，圣佩德罗仙人掌[1]为库比斯尼克陶器上常见堆塑，而圣佩德罗仙人掌含有多种生物碱，可使人产生幻觉，常用于宗教仪式之中。可见，这种仙人掌堆塑和造型也是宗教题材，象征着宗教的神秘力量。此外，库比斯尼克陶器上的辅助纹饰多为几何纹，与查文陶器相似。事实上，查文人凭借强大的宗教和军事实力，完成了安第斯山区的第一次完整意义的统一。[2]正因如此，查文人才得以将查文陶器上的宗教题材作为教化手段传播到其他地区。库比斯尼克陶器便是在这样的历史背景下受到查文陶器深远影响的。

库比斯尼克陶塑容器更多地表现了库比斯尼克陶器自身的特色：其器身造型丰富，有人物、动物、植物和超自然生物等。其中尤以海洋生物最具特色，如螃蟹和章鱼等造型生动，充满生机。陶塑容器的各种造型具有极高的艺术、历史和文化价值，体现了库比斯尼克人万物有灵的信仰，也反映了库比斯尼克人生产和生活的环境，他们不仅依赖山林河谷资源，也离不开海洋资源。

三、登布拉德拉陶器

登布拉德拉陶器是以杰克特佩克山谷中部登布拉德拉镇及其附近出土的陶器为代表，胎体厚实，表面抛光；胎色以棕灰为主，兼有黑、灰、灰紫等（图1.19—图1.22）。

登布拉德拉陶器装饰手法有彩绘、贴塑、雕刻、刻花和抛光等。这些装饰技

---

[1]　圣佩德罗仙人掌含有美斯卡林生物碱，一种强烈的致幻剂。南美洲古代印第安人在宗教仪式和巫医治病时使用这种带刺的植物。

[2]　Richard Burger L.: *Chavín and the Origins of Andean Civilization*, Thames and Hudson, 1992.

法通常结合运用。登布拉德拉兽头形长颈陶瓶（图
1.19）上采用浅浮雕手法雕刻出兽眼、兽口、兽鼻和
獠牙，再浅刻出兽五官的细节部分，然后贴塑扉棱
装饰，最后施以彩绘，于兽头轮廓线处施加红彩，
眼睛、獠牙和牙齿上绘黑彩。登布拉德拉兽形长颈

登布拉德拉兽头形长颈陶瓶（图1.19）[1]，
高21.6厘米，撇口、细长颈，瓶身作兽头状，
平底。这个兽头是安第斯山常见的叶鼻蝠的
头部。

陶瓶（图1.20）上凯门鳄的盘曲身体为雕刻
而成，鳄头和鳄尾为贴塑而成。陶工刻出凯门
鳄的鼻子、眼睛、小耳、大嘴和牙齿后，用连

图1.19 登布拉德拉兽头形长颈陶瓶

续长方形和圆形表现鳄鱼背部粗糙的皮肤，最后施以彩绘。登布拉德拉美洲虎
形马镫口陶瓶（图1.21）的瓶身被塑造成美洲虎后，再采用深浮雕手法雕刻出
美洲虎的头部、四肢、躯体和尾部，然后刻细节部位，最后通体抛光。美洲虎
身上所刻双圈纹与查文、库比斯尼克陶器美洲虎身上的纹饰基本一致。登布拉
德拉鸟形陶哨（图1.22）是用捏
塑手法塑造鸟形的，鸟喙、眼睛、
颈和尾羽为刻画而成。陶哨的发
音孔是在鸟背、尾羽和眼部戳孔
而成。此外，人形、鸟与人合体

登布拉德拉兽形长颈陶瓶（图
1.20）[2]，高32.4厘米、直口、细
长颈，瓶身作短吻凯门鳄曲体状，
平底。

图1.20 登布拉德拉兽形长颈陶瓶

1　美国大都会艺术博物馆官网上该文物网址：https://www.metmuseum.org/art/collection/search/310655。
2　美国大都会艺术博物馆官网上该文物网址：https://www.metmuseum.org/art/collection/search/310652。

形和双人形等不同造型的陶哨都是采用刻花和穿孔等手法装饰的。

　　登布拉德拉陶工塑造动物时，擅长突出表现动物身上的标志性特征。叶鼻蝠在安第斯山区常见，陶工在叶鼻蝠头部贴塑两个长条形扁棱表示蝙蝠的耳朵。而叶鼻蝠正是依靠耳朵接收目标物体的信号，且异常灵敏。短吻凯门鳄是南美洲常见鳄鱼，也是南美洲体形最大的爬行动物之一，与大型猫科动物和猛禽共同组成南美大陆食物链顶端的生物，其吻部和鳄鱼皮被登布拉德拉陶工加以艺术化呈现。至于安第斯山区最强大的动物——美洲虎，陶工则是重在表现它锋利的獠牙和身上的斑点纹。

图 1.21 登布拉德拉美洲虎形马镫口陶瓶

登布拉德拉美洲虎形马镫口陶瓶（图 1.21）[1]，高 23.2 厘米，瓶身造型为一只蹲伏的美洲虎。

1　美国大都会艺术博物馆官网上该文物网址：https://www.metmuseum.org/art/collection/search/310662。

图 1.22 登布拉德拉鸟形陶哨

登布拉德拉鸟形陶哨（图 1.22）[1]，高 5.1 厘米，呈鸟形，多处有哨孔。

我们不难发现，雕刻和刻花是查文陶器的特色，打磨抛光为库比斯尼克陶器的特点，登布拉德拉陶器上既有查文陶器特色又有库比斯尼克陶器特点，而其陶器自身最大的亮点则是彩绘。陶器烧造好后，登布拉德拉陶工会在器物表面涂以红、橘、黑、白、棕、灰等各色彩料。可见，彩绘陶是登布拉德拉陶器的显著特征。

四、北部陶器特征及影响

基于以上北部陶器不同类型的典型器及其胎体、纹饰、造型和装饰工艺等诸方面信息，兹提炼出秘鲁古陶器形成与发展时期的北部陶器的主要特征：

（1）胎体厚实，胎体装饰手法多样，雕刻技法娴熟。

（2）马镫口陶器是最常见器形。

（3）瓶身造型丰富，有几何体、人物、动物、植物和超自然生物等。绝大部分瓶体为三维造型，生动形象，极具艺术性。

（4）器多平底。

（5）陶器纹饰受到查文宗教极大影响。大量雕刻在石构建筑上的美洲虎纹、獠牙神面纹和蛇纹也雕刻在陶器上，且造型和风格基本一致。

值得一提的是，马镫口陶瓶虽是秘鲁北部地区最常见瓶形，但不同地域制作的马镫口略有差异。从提梁上看，库比斯尼克、查文马镫口陶瓶的提梁转折处为弯曲圆弧，而登布拉德拉马镫口陶瓶的提梁转折处则明显向下硬折。从口沿来看，库比斯尼克马镫口陶瓶的口沿厚，甚至往外突出形成厚唇口；登布拉德

1　美国大都会艺术博物馆官网上该文物网址：https://www.metmuseum.org/art/collection/search/316716。

拉马镫口的口沿相比之下较薄，不见厚唇口（表 1.1）[1]；查文陶瓶的马镫口则兼而有之。

表 1.1 库比斯尼克与登布拉德拉马镫口陶瓶对比表

库比斯尼克马镫口陶瓶		
登布拉德拉马镫口陶瓶		

　　秘鲁北部不同类型的陶器各有特色。在装饰技法上，查文陶器以雕刻和刻花见长，库比斯尼克陶器最擅长器表打磨抛光，登布拉德拉陶器以彩绘陶器最具特色。三者之间互有影响，以查文陶器最具影响力。

1　Christopher B. Donnan: *Ceramics of Ancient Peru*, Regents of the University of California,1992, pp.26—29.

第二节　南部陶器的发展

在秘鲁陶器形成与发展期，秘鲁南部陶器分布范围北起钦查河谷，南至阿卡里河谷，其核心区域在皮斯科河谷、帕拉卡斯半岛和伊卡河谷。秘鲁南部出土的陶器基本面貌相同，因首先发现于帕拉卡斯半岛，故也称帕拉卡斯陶器。

帕拉卡斯半岛为一个伸入太平洋的半岛，位于皮斯科河谷和伊卡河谷之间。帕拉卡斯半岛的气候异常干燥，没有河流，降水量极少，一年四季几乎无雨。唯一可靠的水源是地下水。这里晚上凉爽，白天炎热，每日下午一场沙尘暴，持续至黄昏后，便戛然而止。这种沙尘暴在当地语言克丘亚语中称"帕拉卡斯"，意思是沙雨，半岛名字由此而来。由于干旱干燥，帕拉卡斯半岛上的遗存和遗物保存完好，有木乃伊、纺织品和陶器等，是研究秘鲁古代文化史的珍贵实物资料。

帕拉卡斯陶器多为无意间发现或盗掘出土的，缺乏可靠地层依据。加之秘鲁古代无历史文献和纪年墓葬，也无法为出土陶器提供准确的年代依据。因此，我们采用器物类型学方法对帕拉卡斯陶器展开研究，将帕拉卡斯陶器分为三个阶段：早期、中期和晚期。帕拉卡斯早期陶器受到北部陶器影响，特别是深受查文陶器影响；中期陶器，逐步形成自身风格；晚期陶器特色鲜明，并对秘鲁后世陶器产生深远影响。

帕拉卡斯陶器的发展持续了七百多年，至公元前 100 年左右被纳斯卡文化陶器所代替，同时，帕拉卡斯陶器所取得的成就也由纳斯卡陶器继承和发展。

一、帕拉卡斯早期陶器

帕拉卡斯早期陶器在胎体、装饰、纹饰和器形等方面深受北部陶器影响，主要表现在如下方面：

帕拉卡斯早期陶器胎体较厚，胎色从灰到黑都有，以单色陶为主，与查文陶器相似。单色陶器外壁常刻圈点纹（图1.23a）[1]、同心圆纹（图1.23b）[2]和三角纹等几何纹（图1.23c）[3]以及花卉纹（图1.23d）[4]，与查文陶器上的几何纹（图1.7）和花卉纹（图1.6）极为相似。

图 1.23 帕拉卡斯几何纹、花卉纹陶器

a 圈点纹陶碗 b 同心圆纹陶碗 c 三角纹陶碗 d 花卉纹陶罐

帕拉卡斯早期陶器最常用的装饰技法是刻花，最常见的纹饰是美洲虎纹，反映出其在装饰工艺上和纹饰上都深受查文陶器影响。如帕拉卡斯美洲虎纹陶碗（图1.24a）[5]、美洲虎纹双流提梁陶瓶（图1.24b）[6]、美洲虎纹陶瓶（图1.24c）[7]和美洲虎纹双流提梁陶瓶（图1.24d）[8]上所刻美洲虎纹都是大眼，眼部轮廓呈半圆形，口里长有獠牙，与查文陶器美洲虎纹一脉相承。

尽管帕拉卡斯早期陶器上的美洲虎纹饰受到查文陶器的影响，但有自身特色。其獠牙的牙尖没有查文陶器上的獠牙尖锐，并且出现了双头美洲虎纹（图1.24b），这在北部陶器中是没有发现的。美洲虎纹多刻在器壁上，为二维平面形象，而北部陶器常见的是三维美洲虎造像（图1.4、图1.7、图1.21）。

事实上，秘鲁南部早期陶器极力模仿北部陶器上的美洲虎造像。这一点在

1　美国大都会艺术博物馆官网上该文物网址：https://www.metmuseum.org/art/collection/search/307610。

2　美国大都会艺术博物馆官网上该文物网址：https://www.metmuseum.org/art/collection/search/307609。

3　美国大都会艺术博物馆官网上该文物网址：https://www.metmuseum.org/art/collection/search/307611。

4　美国大都会艺术博物馆官网上该文物网址：https://www.metmuseum.org/art/collection/search/308420。

5　Christopher B. Donnan: *Ceramics of Ancient Peru*, Regents of the University of California,1992, p.35.

6　同上。

7　美国大都会艺术博物馆官网上该文物网址：https://www.metmuseum.org/art/collection/search/308426。

8　美国大都会艺术博物馆官网上该文物网址：https://www.metmuseum.org/art/collection/search/308363。

图 1.24 帕拉卡斯美洲虎纹陶器

a 美洲虎纹陶碗 b 美洲虎纹双流提梁陶瓶 c 美洲虎纹陶瓶 d 美洲虎纹双流提梁陶瓶

帕拉卡斯美洲虎纹陶罐（图 1.25）[1] 上得到清晰体现。罐正面刻美洲虎头部，两侧刻美洲虎身体和腿部，后面刻美洲虎尾部。这种围绕器壁一周刻美洲虎纹的做法，是在尝试效仿北部陶器美洲虎造型（图 1.21）的立体效果。虽未能完全达到模仿对象的艺术性，但有其特色，为后世秘鲁南部陶器风格的形成奠定了基础。

　　南部早期陶器中有北部陶器的器形。平底碗是北部陶器常见器形，南部早

图 1.25 帕拉卡斯美洲虎纹陶罐

1　美国大都会艺术博物馆官网上该文物网址：https://www.metmuseum.org/art/collection/search/308591。

期陶器中也有平底碗（图 1.23abc），这也是北部陶器对南部早期陶器影响的实证。不过，南部平底碗与北部平底碗还是存在区别，南部为小平底陶碗，而北方是大平底陶碗。南部小平底陶碗后来发展为南部最为常见的圜底碗。

双流提梁陶瓶是南部早期陶器最具特色的器形。这种陶瓶的器身上有两根圆管与器身相通，作为瓶的流口；两根圆管中间置一横梁，作为瓶的提梁。帕拉卡斯早期双流提梁陶瓶的瓶身多呈几何体状，其中圆体最多，也有弧体（图 1.24b）。陶工烧造了一种特别的双流提梁陶瓶（图 1.24 d），即双管中的一管为瓶的流口；另一管上置有动物头，其头部开小孔。这种提梁陶瓶在宗教仪式上是用来发声的陶器。在瓶内盛上水，晃动瓶体，通过控制气孔和瓶体，可使其发出各种声音，有鸟鸣声，亦有幽咽或深沉之音。

帕拉卡斯早期陶器有少量彩绘装饰，开启了秘鲁南部陶器用彩的先河。

综上，南部早期陶器虽在诸方面深受北部陶器影响，但自身特色已初露端倪。

二、帕拉卡斯中期陶器

帕拉卡斯中期陶器在胎体、彩料、造型等方面得到进一步发展。

中期陶器胎体仍较厚重，但相对于早期胎体，胎壁稍变薄，器底由小平底逐步向圜底发展，这些是帕拉卡斯陶器的发展趋势。帕拉卡斯彩绘几何纹陶碗（图 1.26a）[1]、彩绘人物纹陶罐（图 1.26b）[2] 为中期的典型器，相对于早期陶碗（图 1.23abc）、陶罐（图 1.25），它们的胎体皆薄些，且底都为圜底。

这一时期，南部陶器烧造了北部陶器中常见的马镫口陶瓶，反映出北部陶器对南部

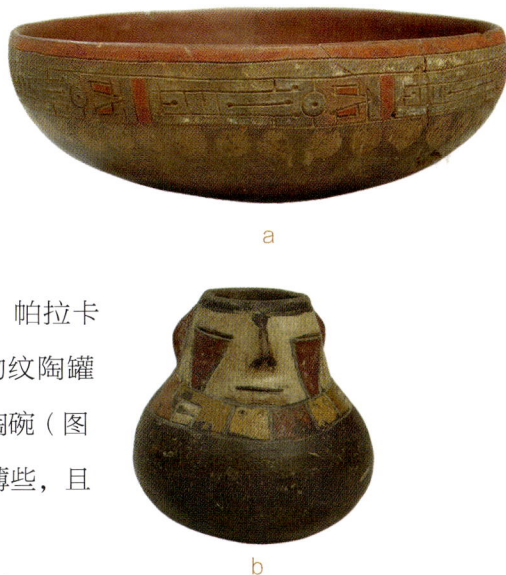

a

b

图 1.26 帕拉卡斯彩绘陶器
a 彩绘几何纹陶碗 b 彩绘人物纹陶罐

1 美国大都会艺术博物馆官网上该文物网址：https://www.metmuseum.org/art/collection/search/309384。
2 美国大都会艺术博物馆官网上该文物网址：https://www.metmuseum.org/art/collection/search/308491。

陶器的持续影响。帕拉卡斯美洲虎纹马镫口陶瓶（图 1.27）[1] 腹部的正面刻有美洲虎纹，辅以双圈纹，纹饰内填涂红彩、白彩和黄彩，是帕拉卡斯陶工将北部陶器器形与南部陶器装饰风格相结合的产物。

在中期，南部陶工也成功仿烧了北部陶器常见的美洲虎形陶塑容器。帕拉卡斯美洲虎形彩绘提梁陶瓶（图 1.28）[2]，通高 17.5 厘米，长 21 厘米，宽 9.2 厘米，瓶体为美洲虎形，虎昂首，虎身结实，四肢壮硕，虎尾粗大。周身满刻纹饰，有几何纹和飞鸟纹，纹饰内填涂红、绿和白色等，呈现出色彩斑斓的艺术效果。

图 1.27 帕拉卡斯美洲虎纹马镫口陶瓶

帕拉卡斯中期彩绘陶器的数量明显增多，彩绘颜色越来越丰富。帕拉卡斯陶工开创了一种独特的彩绘技艺，他们就地取材，利用当地丰富的矿物资源，将矿物颜料与黏稠的树脂加热并融合制成彩料，涂于陶器上，形成秘鲁南部独

图 1.28 帕拉卡斯美洲虎形彩绘提梁陶瓶

1　Christopher B. Donnan: *Ceramics of Ancient Peru*, Regents of the University of California,1992, p.37.
2　美国大都会艺术博物馆官网上该文物网址：https://www.metmuseum.org/art/collection/search/313340。

具风格的彩绘陶。帕拉卡斯鸟形提梁陶瓶（图 1.29a）[1] 便采用了这一彩绘技法。此陶瓶是一种双流提梁陶瓶，球形腹，圈底。瓶体上端一侧安一个圆锥形小管为流口，另一侧塑一个鸟首，其上有小孔与瓶身相通，鸟首与小圆管之间置一宽扁形横梁，作为瓶的提梁。鸟首上面刻有眼睛、嘴和头羽，鸟首下方刻有羽毛，再填以朱红、土黄以及墨绿色等树脂颜料。另一件帕拉卡斯双流提梁陶瓶（图 1.29bc）[2] 也采用了此技法。陶工在陶瓶腹部刻画和戳印飞鸟纹和几何纹轮廓，再涂上各色彩料。用此法制作的彩绘陶，由于所涂颜料未经火烧，故光泽度不高，色彩普遍发闷。

图 1.29 帕拉卡斯彩绘提梁陶瓶
a 鸟形提梁陶瓶 bc 双流提梁陶瓶

　　彩绘是帕拉卡斯陶器最具特色的装饰技艺，中期涂彩技法较早期有长足进步。这一时期，刻花和彩绘两种技法相辅相成，相得益彰。中期陶器的彩料涂抹在所刻线条内，一般不超过刻线，比早期不规则涂彩（图 1.24b、图 1.25）更成熟。

1　此图由秘鲁中央银行附属博物馆提供，图中的文物为湖南省博物馆"秘鲁古代文明展——探寻印加帝国的源流"展品。
2　美国大都会艺术博物馆官网上该文物网址：https://www.metmuseum.org/art/collection/search/307622。

可见，帕拉卡斯中期陶器虽继续受到北方陶器影响，但南部陶器风格已逐渐形成。

三、帕拉卡斯晚期陶器

帕拉卡斯晚期陶器在胎体、成型工艺和装饰技法等方面取得了长足发展。

胎体上，晚期陶器胎壁薄，尤其是陶碗和小陶罐。帕拉卡斯神人纹陶碗（图1.30）[1]、蛇纹陶碗（图1.31）[2]、虎鲸纹陶碗（图1.32）[3]、飞鸟纹陶碗（图1.33）[4]、人面纹陶碗（图1.34）[5]以及帕拉卡斯蛙纹陶罐（图1.35）[6]和蛇纹陶罐（图1.36）[7]比早期、中期的陶碗和小陶罐胎体明显轻薄，这是帕拉卡斯晚期陶器的一大特色。

图 1.30 帕拉卡斯神人纹陶碗

图 1.31 帕拉卡斯蛇纹陶碗

---

1 美国大都会艺术博物馆官网上该文物网址：https://www.metmuseum.org/art/collection/search/308482。
2 美国大都会艺术博物馆官网上该文物网址：https://www.metmuseum.org/art/collection/search/307617。
3 美国大都会艺术博物馆官网上该文物网址：https://www.metmuseum.org/art/collection/search/310226。
4 美国大都会艺术博物馆官网上该文物网址：https://www.metmuseum.org/art/collection/search/308489。
5 美国大都会艺术博物馆官网上该文物网址：https://www.metmuseum.org/art/collection/search/309471。
6 美国大都会艺术博物馆官网上该文物网址：https://www.metmuseum.org/art/collection/search/308492。
7 美国大都会艺术博物馆官网上该文物网址：https://www.metmuseum.org/art/collection/search/312937。

图 1.32 帕拉卡斯虎鲸纹陶碗

图 1.33 帕拉卡斯飞鸟纹陶碗

图 1.34 帕拉卡斯人面纹陶碗

图 1.35 帕拉卡斯蛙纹陶罐

图 1.36 帕拉卡斯蛇纹陶罐

　　成型工艺上，陶工普遍使用轮制法拉坯，制作圆器坯体，可更好地控制器壁厚度。仿生器的制作则使用模具成型。相对于帕拉卡斯陶器早期和中期以泥条盘筑、拍制和捏塑为主的成型工艺，这是工艺上极大的进步。

　　装饰技艺上，陶工大量运用刻花填彩技法装饰陶器。此技法是在陶器成型后胎体快干未干之际，于胎体上刻出花纹，然后入火烧造，再施加彩绘的装饰工艺。虽然此法在中期已出现，但晚期才被广泛运用，且在数量上和质量上比中期的更胜一筹，具体表现在三个方面。其一，装饰面积扩大。从陶器的上腹部到几乎整个外壁，甚至陶器的内外壁均有刻花填彩装饰（图 1.30—图 1.36）。其二，技法趋于成熟，所用彩色更丰富。其三，陶器在施各色彩料之前，普遍涂绘一种彩料作地色。其实，用地色突显彩色的做法在中期已有，只是晚期才得到普及。如神人纹陶碗（图 1.30），陶碗外壁的地色是红色，其上刻花填彩四只黄色猫科动物；碗内壁的地色为黄色，其上刻花填彩神人纹。又如蛇纹陶碗（图 1.31）和虎鲸纹陶碗（图 1.32），陶碗外壁的地色为白色，白彩已部分剥落，其上刻花填彩蛇纹和虎鲸纹。再如蛙纹陶罐（图 1.35）和蛇纹陶罐（图 1.36），陶罐外壁的地色为黄色，其上刻花填彩蛙纹和蛇纹。

　　帕拉卡斯晚期陶器出现了一种全新的装饰技法——抛光、彩绘。采用这种装饰技法的陶器没有刻画，而是先涂地色，然后将表面抛光，再绘画。帕拉卡斯神面纹陶碗（图 1.37）[1]、圆眼纹陶碗（图 1.38）[2]、鱼纹陶碗（图 1.39）[3]和

图 1.37　帕拉卡斯神面纹陶碗

1　美国大都会艺术博物馆官网上该文物网址：https://www.metmuseum.org/art/collection/search/310229。
2　美国大都会艺术博物馆官网上该文物网址：https://www.metmuseum.org/art/collection/search/308356。
3　美国大都会艺术博物馆官网上该文物网址：https://www.metmuseum.org/art/collection/search/308471。

图 1.38　帕拉卡斯圆眼纹陶碗

图 1.39　帕拉卡斯鱼纹陶碗

图 1.40　帕拉卡斯连珠纹提梁陶瓶

连珠纹提梁陶瓶（图 1.40）[1] 都采用了抛光、彩绘装饰工艺。这一时期，陶器的地色较深，多为棕黑色；彩色并不丰富，多为深浅不一的棕红色。这种新的装饰技法被后来的纳斯卡陶器继承并创烧出彩陶，对南部陶器装饰影响深远。

从刻花填彩发展到抛光、彩绘的过程中存在一个过渡阶段。帕拉卡斯狐狸纹陶碗（图 1.41）[2] 便是过渡阶段的典型器。此碗外壁刻花填彩狐狸纹，碗内底彩绘蛇纹和飞鸟纹。这件陶碗上既有刻花填彩技法，又有纯彩绘技法，是南部陶器由刻花填彩向直接彩绘过渡的实物力证。

图 1.41 帕拉卡斯狐狸纹陶碗

纹饰上，南部陶器开始变得多样化，极富想象力，不再局限于北部陶器的美洲虎纹、獠牙兽面纹、几何纹等，而是刻花填彩了大量具有南部陶器特色的纹样，如神人纹（图 1.30）、神面纹（图 1.37）、首级纹（图 1.42）[3]、蛇纹（图 1.31）、虎鲸纹（图 1.32）、飞鸟纹（图 1.33）、蛙纹（图 1.35）、狐狸纹（图 1.41）、鱼纹（图 1.39）、蜂鸟纹和人物纹等。蛇纹有单头蛇纹（图 1.38）、双头蛇纹（图 1.31）和多头蛇纹（图 1.36）；

图 1.42 帕拉卡斯首级纹陶罐

1   美国大都会艺术博物馆官网上该文物网址：https://www.metmuseum.org/art/collection/search/316885。
2   美国大都会艺术博物馆官网上该文物网址：https://www.metmuseum.org/art/collection/search/308493。
3   美国大都会艺术博物馆官网上该文物网址：https://www.metmuseum.org/art/collection/search/309469。

人物纹有人面纹（图 1.34）和人纹（图 1.43）[1]。这些纹饰可分为两大类：写实纹饰和想象纹饰。写实纹饰有飞鸟纹、蛙纹、虎鲸纹、鱼纹、狐狸纹和蜂鸟纹等，是帕拉卡斯陶工师法自然的产物；想象纹饰是现实生活中不存在的，多为各种生物的结合体，有神人纹和多头蛇纹等。

图 1.43 帕拉卡斯人纹蛇纹神人纹陶罐

帕拉卡斯晚期陶器出现了形态多样的神人纹，具有鲜明的南部陶器纹饰特色。如神人纹陶碗（图 1.30）上的神人纹，刻有椭圆形的头，两只圆眼睛，大嘴弯成 U 形，从中伸出长舌，舌端为蛇头，拥有人类的身躯和四肢，背后长有尾巴，神人手提人的首级，面含微笑，飞行在空中。这种神人纹常见于帕拉卡斯晚期陶器上，也见于帕拉卡斯刺绣上。刺绣上的神人纹出现得比陶器早，而且手持物丰富。有的神人一手提首级，一手执刀；有的神人一手提首级，一手持扇；有的神人一手执扇，一手握圆管（图 1.44）[2]。陶器上的神人纹应是陶工模仿的刺绣纹样。如人纹蛇纹神人纹陶罐（图 1.43）上的神人呈站立姿势，

图 1.44 帕拉卡斯神人纹刺绣残片

---

1 美国大都会艺术博物馆官网上该文物网址：https://www.metmuseum.org/art/collection/search/312928。
2 美国大都会艺术博物馆官网上该文物网址：https://www.metmuseum.org/art/collection/search/316945。

头部夸张，两只圆眼旁有横向 U 形双头蛇纹，嘴大牙尖，满头蛇发，拥有人类的躯体和四肢，两手各持一物。又如神面纹陶碗（图 1.37）上的神面是方脸、圆眼、宽唇、龇牙。以上神人纹是秘鲁南部陶器上特有的神人纹，不见于北方陶器上，并被后来的纳斯卡陶器所继承和发扬。

帕拉卡斯晚期出现了足形陶罐、瓜形陶瓶和尖底陶鼓等南方特有陶器器形。

图 1.45 帕拉卡斯足形陶罐

足形陶罐（图 1.45）[1] 呈人足形，胖胖的脚极具卡通感。脚踝两侧各刻一只虎鲸纹，脚后跟刻首级纹。瓜形双流提梁陶瓶（图 1.46）[2] 的瓶身呈瓜形，其上彩绘瓜表皮纹理。足形陶罐和瓜形陶瓶的造型源自生活，可爱有趣，反映了帕拉卡斯人的审美趣味。陶号（图 1.47）[3] 和陶鼓（图 1.48）[4] 也颇具帕拉卡斯风格。

可见，帕拉卡斯晚期陶器已摆脱北部陶器影响，在胎体、彩绘、成型、装饰和纹饰上发展出自身特色。从整体上讲，晚期陶器胎体薄，施彩更丰富，拉坯成型与模具成型并用，圜底器增多，大量运用刻花填彩和抛光、彩绘装饰工艺。陶器上饰有各种生动鲜活的动植物纹和具有南方特色的神人纹，形成了

图 1.46 帕拉卡斯瓜形双流提梁陶瓶

1　美国大都会艺术博物馆官网上该文物网址：https://www.metmuseum.org/art/collection/search/308477。
2　美国大都会艺术博物馆官网上该文物网址：https://www.metmuseum.org/art/collection/search/308466。
3　美国大都会艺术博物馆官网上该文物网址：https://www.metmuseum.org/art/collection/search/768802。
4　美国大都会艺术博物馆官网上该文物网址：https://www.metmuseum.org/art/collection/search/506722。

图 1.47 帕拉卡斯陶号

图 1.48 帕拉卡斯陶鼓

独具特色的南部陶器风格，为绚丽多姿的纳斯卡陶器奠定了坚实基础。

四、南部陶器特征及影响

秘鲁南部陶器经历了从受北方陶器影响到形成自身风格的发展历程。在发展演变过程中，南部陶器有以下特点：

（1）碗罐类陶器胎体由厚胎逐渐向薄胎发展，器底由小平底演变为圜底。

（2）最具特色的器形是双流提梁陶瓶。

（3）刻花是帕拉卡斯陶器从早期到晚期一直使用的装饰手法。刻花填彩最早出现在帕拉卡斯中期陶器上，到晚期得到普遍运用。抛光、彩绘是晚期出现的新技法。

（4）用彩特色：从矿物和植物中提取出彩料，再将彩料融入树脂黏性物质中，然后涂绘在刻纹内，均为条块状彩色，彩绘层较厚；彩料不作晕染处理，也不进行多种彩料混合使用。

（5）纹饰特点：早期深受北方陶器纹饰影响；中期南北方陶器纹饰皆有；晚期纹样极其丰富，不仅师法自然，而且受帕拉卡斯刺绣纹样影响，出现大量神人纹和双头蛇纹。帕拉卡斯晚期陶器注重纹饰对称构图，这一艺术形式被纳斯卡陶器继承和发扬。

综上所述，在秘鲁陶器形成与发展期，最具影响力的是查文陶器。在查文统治最为强盛的公元前1000年至公元前400年的数百年间，查文陶器随着查文宗教信仰的传播和军事的扩张而广为传播。秘鲁中部安第斯山区和西部沿太平洋地域生产的陶器都深深地烙上了查文陶器的印记。突显獠牙的南美洲大型猫科动物形象，不仅出现在查文、库比斯尼克、登布拉德拉和帕拉卡斯陶器上，而且在偏远的山区和河谷制作的陶器上也都可以见到。库比斯尼克陶器、登布拉德拉陶器与查文陶器相互影响、互相交融，形成北部陶器风格：胎体较厚，主要装饰手法为雕刻和刻花，最具特色的器形是马镫口陶瓶，器身以各种造型见长，器底多为平底，纹饰与宗教信仰有关。

南部陶器在初创阶段深受北部陶器影响。随着时间推移，帕拉卡斯陶工不断提高制陶技艺，并利用南方丰富的矿产彩料资源，开创了具有南部特色的彩绘陶。南部陶器胎体较薄，主要装饰手法为刻花、彩绘，最具代表性的器形为双流提梁陶瓶，器底多为圆底，对后世纳斯卡陶产生深远影响。

第二章

秘鲁陶器的
繁荣与兴盛

公元前 100 年至公元 700 年，秘鲁各地，不论是南方还是北方，无论是滨海河谷还是安第斯山区，陶器制作和装饰技艺都得到迅速提高。这一时期陶器造型多样，且富于变化，纹饰极其丰富，色彩众多，色泽鲜艳，是秘鲁古代陶器发展的繁荣与兴盛期。又因地理环境、陶土、矿物、生态和人文等差异，秘鲁南北部陶器的地方特色愈加鲜明。

第一节　繁荣的纳斯卡陶器

公元前 1 世纪，纳斯卡人在纳斯卡河谷地带发展壮大，逐步取代了帕拉卡斯人的统治地位，影响范围扩大到秘鲁广大南部区域，有广袤的沙漠、丰饶的安第斯山区，以及从常年冰雪覆盖的安第斯山脉流下来的季节性河流形成的山谷。纳斯卡河谷离帕拉卡斯半岛东南部不到 160 千米，距太平洋沿岸 60 多千米，是水资源相对丰富的岸河谷之一。在贫瘠的沙漠中，纳斯卡河谷显现出盎然生机，充满活力。纳斯卡人特别重视水资源，他们用石头铺设地下水渠，类似于我国新疆的坎儿井，将灌溉和饮用水引入地下，尽量减少水流在干燥环境下的蒸发。公元前 100 年至公元 700 年，纳斯卡人在秘鲁南部创造了辉煌灿烂的纳斯卡文化，最具特色的物质文明有巨幅沙漠地画、图案生动的纺织品和色彩丰富的彩陶。

纳斯卡陶工在帕拉卡斯陶器的基础上，不断融合创新，烧造了多姿多彩、纹饰多样、造型独特的纳斯卡文化陶器。纳斯卡陶器在陶土、彩料、造型、装饰和烧造技术上远超帕拉卡斯陶器，取得革命性的技术进步。

一、胎、彩及制作

（一）胎

纳斯卡陶器胎质细腻，胎壁厚薄均匀。胎色有红、黄和灰等，其中红色陶器数量最多。胎体外表施加陶衣，有米白色、黄褐色、深红色和黑色等。通过打磨陶衣，胎体表面变得光洁细腻，利于绘画，使得图案更为清晰，色彩愈加明艳。

（二）彩

纳斯卡陶器是秘鲁古陶器中用色最丰富的。其颜色众多，有白、米白、深红、棕红、褐红、橘红、紫红、浅粉、深褐、黑色、灰紫、灰蓝、灰绿、橘黄、棕黄、黄色等。

纳斯卡彩陶尽管颜色丰富，但有三种是其基本颜色，即白、红和黑。通过观察纳斯卡陶器彩色的叠加情况，发现这三种彩上色有先后次序。先用白彩，然后用红彩，再用黑彩描绘图案，最后用黑彩描绘图案边框轮廓。国外科技检测结果与我们肉眼观察结果是一致的。用 X 射线衍射技术（XRD）分析纳斯卡彩陶残片，检测到纳斯卡彩陶上的彩料有叠压情况；再用电镜技术（EM）射线显微图像显示彩色叠压部分为黑彩盖在红彩上，红彩再压白彩。[1] 通过大量观察，我们发现这一规律适合于大部分纳斯卡彩陶。

纳斯卡陶器中的红彩和黑彩都含有铁元素。研究人员做了烧造纳斯卡彩陶模拟实验，以便分析彩料中所含铁同位素是否会在不同温度和不同窑内气氛下发生变化。若没有变化，则可根据彩中铁同位素判断纳斯卡彩料的来源地。他们在实验中最高烧造温度设定在 900℃。每小时升高 100℃，连续烧 9 小时，再保持 900℃烧 4 小时，并在氧化气氛和还原气氛两种不同气氛下分别烧造红彩和黑彩。实验结果表明，烧造温度和窑内气氛都不会影响红彩和黑彩的铁同位素。然后研究者对纳斯卡陶器上的红彩和黑彩中的铁同位素进行分析，发现这些铁

1　Jelmer W. Eerkens, Gry H. Barfod, Kevin J., et al:*Iron isotope analysis of red and black pigments on pottery in Nasca, Peru*，*Archaeological and Anthropological Sciences,* 2014(6),pp.241—254.

元素基本来自纳斯卡本土赤铁矿。[1] 纳斯卡地区蕴含丰富矿产资源，其氧化铁矿石的开采远远大于秘鲁其他地区。[2] 黑彩中含铁量高，红彩的含铁量低于黑彩的含铁量。因彩料中添加的赤铁矿粉末比例不同，纳斯卡陶器上的红色和黑色又呈现出多种颜色，有棕红、褐红、橘红、深褐和黑色等。

纳斯卡彩陶中的白彩几乎不含铁，白色纯度高，呈现纯净的白，这是纳斯卡彩陶中的经典色彩，也是纳斯卡彩陶的用彩特色。

纳斯卡彩陶主要使用矿物彩料，有铁、镁、锰和磷等。黑彩和红彩含有大量的铁和锰元素。其中，黑彩中铁和锰含量高。锰铁氧化物能够在 450℃—950℃ 的温度范围内形成二氧化锰。红彩含铁元素多，锰元素少。陶衣含有少量铁元素和磷元素。纳斯卡彩料中的铁主要来自赤铁矿，也有少数赤铁矿粉末掺和重晶石或石英或针铁矿中的铁元素。[3]

（三）制作

通过观察纳斯卡陶器上遗留下来的制作痕迹和一百年前记录下来的秘鲁仿古陶器制作流程，大致可知纳斯卡陶器的制作情况。

纳斯卡陶工采用模制、捏塑、拉坯等方式使陶器坯体成型。

坯体成型后进入修坯工序。坯体晾晒一两天后，方可刮去胎体中的过厚部分和多余部分，使坯体厚薄均匀。再进一步晾晒。

坯体晾干后，陶器进入装饰环节。先在陶器表面施一层颗粒细腻又均匀的陶衣。制作陶衣的土，需要经过碾磨、晒干、浸泡、去除杂质方能使用。上好陶衣后，坯体需进一步晾晒，变得干燥坚硬后，便可进行打磨抛光处理。

抛光器表面需要有一定的湿润度，可用打湿的布料敷在陶器上，使陶器表面吸入少量的水分，再用光滑的石头反复摩擦陶器表面，使之光亮。

1　Jelmer W. Eerkens, Gry H. Barfod, Kevin J., et al:*Iron isotope analysis of red and black pigments on pottery in Nasca, Peru*，*Archaeological and Anthropological Sciences,* 2014(6),pp.241—254.

2　Petersen G.: *Mining and metallurgy in ancient Perú*, translated by W. E. Brooks, *The Geological Society of American,* 2010,p.467.

3　Vaughn KJ, Neff H.: *Tracing the clay source of Nasca polychrome pottery: results from a preliminary raw material survey*, *Journal of Archaeological Science ,*2004,pp.1577—1586.

抛光后，便可绘画。此时表面不能完全干透，因为在完全干透的坯体表面上彩，极易出现裂纹。陶工在保持坯体表面润泽的情况下，用羽毛或者小刷子之类的工具在坯体上描绘各种纹饰图案，并填涂各色彩料。

黑彩和红彩的原料是赤铁矿，陶工需要将赤铁矿石研磨成粉末状。白彩的矿石原料开采出来时并非白色，而是在太阳下曝晒后，方呈现出白色。若晒干后不呈现白色，则不能用来作为白彩。陶工碾磨好矿石颜料，然后将颜料粉、陶土和水调和制成彩料，再将彩料绘在陶器上。待晾干后，彩绘部分还需抛光。

坯体装饰完成便可入窑烧造。窑炉呈圆筒状，底部是火塘，坯体层层码放在圆形窑室内。起初窑内温度不宜上升过快，而应缓慢稳步升高。待码放在窑炉顶部的坯体变热，表明整个窑室已暖热，此时，方可增大投柴量，使窑内温度以较快速度升高。陶工可通过用手触摸窑炉顶部的坯体，感受窑内温度，判断升温速度。

相对于帕拉卡斯彩绘陶，纳斯卡彩陶取得了技术上的重大突破。我们知道帕拉卡斯陶器是先烧造再涂彩。纳斯卡陶器则是先施彩，再入窑烧造。由于纳斯卡彩陶上的彩料经过了窑火的烧造，其颜色鲜亮明丽，比色泽发闷的帕拉卡斯彩绘陶美观，品质更佳。这是提高装饰技艺和烧造技术后实现的质的飞跃，是纳斯卡陶工智慧的结晶。

二、造型

以陶器器身形态为依据，我们将纳斯卡陶器造型分为几何形、植物形、动物形和人物形。器身为几何形的陶器数量最多，而植物、动物和人物造型的陶器最能代表纳斯卡陶器特色。纳斯卡陶塑容器既是实用容器，也是能反映出纳斯卡人生活及环境的艺术品。

（一）几何形

几何形陶器是指陶器器身为几何形的容器。其中，圆形占比最大，有扁圆形、筒圆形和圆弧形等。纳斯卡陶瓶、陶罐、陶碗和陶杯等陶器大多为圆形器身。

纳斯卡亦有方形陶器，但数量不多。纳斯卡方形彩陶碗（图 2.1）[1] 呈倭角四方形，是纳斯卡方形陶器的典型器。

图 2.1 纳斯卡方形彩陶碗

（二）植物形

植物形陶器是指陶器器身被塑造为植物形态的容器，造型多为纳斯卡人生活中的重要作物。纳斯卡玉米株形陶容器（图 2.2）[2] 是植物形陶器的典型代表。其整体造型为一株玉米，器内中空，可盛液体。玉米株下端彩绘发达的玉米根系，中部塑造两根饱满的玉米棒。

（三）动物形

动物形陶器是指陶器器身被塑造为动物形态的容器。动物形陶器取材广泛，海洋、陆地和天空中的动物都是陶工模仿的对象。

虎鲸形是纳斯卡动物形陶器中常见造型。虎鲸，别名逆戟鲸，群居哺乳动物，是海豚科体型最大的物种。虎鲸是一种高度社会化的动物，有着一些复杂社会行为，会用捕猎技巧和声音交流围捕猎物，是企鹅、海豹等动物的天敌，也袭击其他鲸类和大白鲨。它们领地很广，适应性强，几乎不受水温或深度限制，分布广泛，从赤道到极地水域都有它们的身影。正因为虎鲸如此强大，拥有不可挑战的海洋霸主地位，纳斯卡人无比崇拜虎鲸，常将其塑造成纳斯卡陶器的形态。如纳斯卡虎鲸形彩陶瓶（图2.3）[3]，瓶身为一只拟人化的虎鲸，有人类的双腿

图 2.2 纳斯卡玉米株形陶容器

1　美国大都会艺术博物馆官网上该文物网址：https://www.metmuseum.org/art/collection/search/656359。
2　美国大都会艺术博物馆官网上该文物网址：https://www.metmuseum.org/art/collection/search/316270。
3　此图由秘鲁拉鲁克博物馆提供，图中的文物为湖南省博物馆"秘鲁古代文明展——探寻印加帝国的源流"展品。

和双手，呈站姿，尾部上翘与其他部位呈U形。纳斯卡陶工巧妙运用鱼鳍来增加虎鲸形瓶体的稳固性。U形底端塑造有一个鳍，与双腿恰好形成稳定的三角，使陶瓶立稳。背部的两个鳍与U形尾部相连，让瓶体更牢固。虎鲸张口，露出整齐锋利的牙齿。身上绘有数个不同面色的首级纹。纳斯卡人认为虎鲸是海洋中的神灵，常给虎鲸献祭战俘首级。

图2.3 纳斯卡虎鲸形彩陶瓶

猴形是纳斯卡动物形陶器造型之一。如纳斯卡猴形提梁陶瓶（图2.4）[1]，整体造型为一只蹲坐的猴，并用彩绘表现猴的面部、四肢和尾巴的细节，使其惟妙惟肖。

鸟形是纳斯卡常见的陶器造型，鸟形陶器均有肥硕身躯。纳斯卡秃鹰形提梁陶瓶（图2.5）[2]和鸟形陶罐（图2.6）[3]很好地诠释了纳斯卡工匠对鸟形容器的塑形特色，即圆乎的身形，多彩的羽翅，不表现鸟爪，给人憨态之感。

图2.4 纳斯卡猴形提梁陶瓶

1　美国大都会艺术博物馆官网上该文物网址：https://www.metmuseum.org/art/collection/search/308456。
2　美国大都会艺术博物馆官网上该文物网址：https://www.metmuseum.org/art/collection/search/309731。
3　美国大都会艺术博物馆官网上该文物网址：https://www.metmuseum.org/art/collection/search/310359。

图 2.5 纳斯卡秃鹰形提梁陶瓶　　　图 2.6 纳斯卡鸟形陶罐

（四）人物形

　　人物形陶器是指陶器器身被塑造为人物形态的容器。纳斯卡人物形陶器的模仿对象主要有持武器的武士、日常生活中的男女、人形木乃伊和战俘首级。

　　陶工将武士形象塑造成陶塑容器，以这种方式展现了一千多年前纳斯卡武士的模样。纳斯卡武士形提梁彩陶瓶的瓶体为跽坐武士造型（图 2.7a）[1]。武士脑后安置瓶口和提梁，瓶口为短圆管，提梁为武士后脑与短圆管之间的宽扁曲柄（图

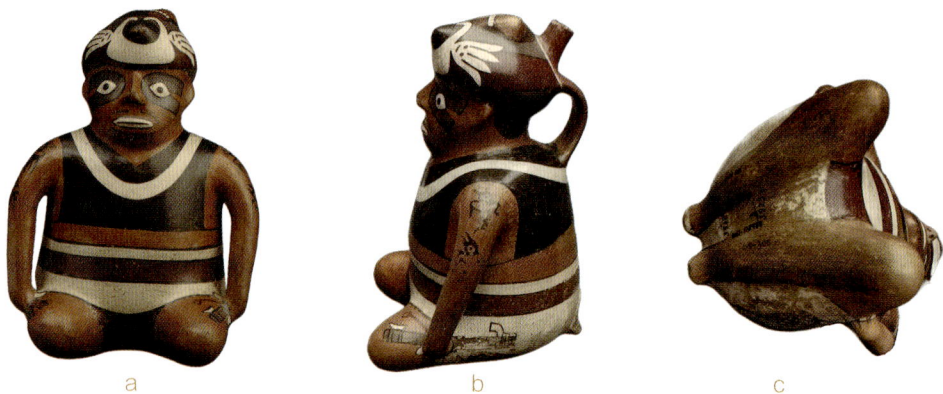

a　　　　　　　b　　　　　　　c

图 2.7 纳斯卡武士形提梁彩陶瓶

1　此图由秘鲁国家考古学人类学历史学博物馆提供，图中的文物为湖南省博物馆"秘鲁古代文明展——探寻印加帝国的源流"展品。

2.7b）[1]。武士踞坐的双腿为瓶底，其上有使用过的磨损痕迹（图2.7c）[2]。此瓶用色有黑、白、深红、灰青、棕黄。从武士形态到用色可知这是一件纳斯卡早期的武士形陶瓶。

纳斯卡早期武士形陶瓶所塑造的武士健壮，炯炯有神，且用色明亮，纹饰疏朗。或眼睛周围涂有飞鸟和虎鲸（图2.8）[3]为饰。或脸上或身上有飞鸟和虎鲸等各种纹身（图2.9）[4]。或手上持有飞镖和飞镖投射器，抑或有持刀和首级的（图2.10）[5]。纳斯卡晚期武士形陶瓶塑造的武士臃肿肥胖，目光无神，纹饰密集。如纳斯卡武士形陶瓶（图2.11）[6]，所塑造的武士留着短须，目光呆滞，不似早期武士有神。武士的手臂已不是塑造的，而是画在瓶体上的。身上绘有花朵纹、战俘首级纹和简化神纹等。此瓶制作粗糙，画工不精，体现出纳斯卡文化的颓势。

纳斯卡陶塑容器里的女子形陶器展现了纳斯卡人对女性体态的审美倾向，即

图2.8 纳斯卡武士形陶鼓

1 此图由陈锐拍摄，图中的文物为湖南省博物馆"秘鲁古代文明展——探寻印加帝国的源流"展品，秘鲁国家考古学人类学历史学博物馆藏品。
2 同上。
3 美国大都会艺术博物馆官网上该文物网址：https://www.metmuseum.org/art/collection/search/310563。
4 美国大都会艺术博物馆官网上该文物网址：https://www.metmuseum.org/art/collection/search/310509。
5 资料源自美国克利夫兰美术馆网站：https://www.clevelandart.org/art/2012.116。
6 美国大都会艺术博物馆官网上该文物网址：https://www.metmuseum.org/art/collection/search/308567。

图 2.9 纳斯卡武士形陶瓶   图 2.10 纳斯卡武士形陶瓶

图 2.11 纳斯卡武士形陶瓶

崇尚体态丰腴之美，与我国唐代审美相似。如纳斯卡
女子形彩陶瓶（图 2.12）[1] 上塑造的女性，身形圆滚，
表情兴奋，俏皮中透着滑稽。另一件纳斯卡女子形彩
陶瓶（图 2.13）[2]，塑造的女子也是丰腴形象，身穿
首级纹衣裳，这种花纹在纳斯卡地区出土的纺织品上
十分常见。纳斯卡陶塑容器里塑造的男性形象则比较
强壮。如纳斯卡男人形彩陶瓶（图 2.14）[3] 所塑造的
男人强健结实，肩膀宽阔，四肢发达。

图 2.12 纳斯卡女子形彩陶瓶

图 2.13 纳斯卡女子形彩陶瓶

图 2.14 纳斯卡男人形彩陶瓶

　　纳斯卡陶塑容器有一种极具特色的陶罐造型——人形木乃伊陶罐。其造型源
自纳斯卡人木乃伊。纳斯卡人用裹尸布层层包裹尸体和各种陪葬品。陪葬品有
不同尺寸的衣服、金饰、羽毛扇和生前喜爱之物。纳斯卡贵族的裹尸布十分华丽，
其上刺绣了色彩丰富的神人纹、首级纹、巫师纹和蛇纹等。贵族的木乃伊被包
裹呈锥形，然后在锥形上面安放一个假脑袋。身份地位越高，随葬品越丰富，

1　（美）戴尔·布朗主编，陈雪松译：《安第斯之谜：寻找黄金国》，第 86 页，广西人民出版社，2002 年。
2　美国大都会艺术博物馆官网上该文物网址：https://www.metmuseum.org/art/collection/search/319800。
3　（美）戴尔·布朗主编，陈雪松译：《安第斯之谜：寻找黄金国》，第 171 页，广西人民出版社，2002 年。

图 2.15 纳斯卡木乃伊形陶罐

木乃伊越大。纳斯卡陶工模仿纳斯卡贵族木乃伊形状制作了木乃伊形大陶罐，尺寸在 60—80 厘米之间。如纳斯卡木乃伊形陶罐（图 2.15）[1]，高 73.5 厘米，罐身为大圆锥体，上端是一个贵族的头部，陶罐外壁满绘神、蛇和首级等纹饰，与出土的贵族木乃伊相似。在形态上，大陶罐与真实贵族木乃伊不同之处在于罐身的上端置有一个短粗圆管，作为罐口部。

　　首级形陶器是极具纳斯卡文化特色的陶器器形。如纳斯卡首级形双流提梁陶瓶（图 2.16a）[2]，瓶身被塑造和描绘成战俘首级形象，圜底。下腹后侧贴塑一块宽扁陶片，贴塑的陶片施有黑彩，表现的应是头发（图 2.16b）[3]，这既是对真实情况的反映，也起到了平衡陶瓶的作用。首级面部土黄，其上饰有横条状彩妆，眉毛褐红，眼神迷离、略带恐惧。最值得注意的是其嘴部两

1　此图由陈锐拍摄，图中的文物为湖南省博物馆"秘鲁古代文明展——探寻印加帝国的源流"展品，秘鲁国家考古学人类学历史学博物馆藏品。

2　此图由秘鲁国家考古学人类学历史学博物馆提供，图中的文物为湖南省博物馆"秘鲁古代文明展——探寻印加帝国的源流"展品。

3　此图由陈锐拍摄，图中的文物为湖南省博物馆"秘鲁古代文明展——探寻印加帝国的源流"展品，秘鲁国家考古学人类学历史学博物馆藏品。

a   b

图 2.16 纳斯卡首级形双流提梁陶瓶

图 2.17 纳斯卡真人首级

端所绘的黑线纹，这是对真实情况的如实描绘。纳斯卡遗址和墓葬里出土过战俘首级，其嘴巴中间插着一根仙人掌的刺（图 2.17）[1]。可知，首级形陶器上的黑线纹表现的是仙人掌的刺。纳斯卡武士在战斗中获胜，砍下战俘的首级以奉献给神灵。首级在献给神灵之前，需进行处理，即将大脑组织挖出，塞以棉花等填充物，再绑上头巾，最后用仙人掌的刺封住其嘴。文化人类学家认为封口是防止亡灵对杀人者造成危害。可见，纳斯卡陶工在首级形陶器的塑造上尽量还原真实场景。

三、纹饰

纳斯卡陶器纹饰相当丰富。我们依据纹饰类别，将其分为几何纹、植物纹、动物纹、人物纹和神怪纹。

1　（美）戴尔·布朗主编，陈雪松译：《安第斯之谜：寻找黄金国》，第 177 页，广西人民出版社，2002 年。

（一）几何纹

纳斯卡陶器常见的几何纹有弦纹、条纹、菱格纹、方格纹、圈点纹和阶梯纹等。几何纹通常作为辅助纹饰，也可当主纹使用。如纳斯卡条纹陶排箫（图2.18）[1]，便是用几何纹作主纹的代表。这件陶排箫由11根陶圆管组成，两面满绘短竖线条，黑红相间。纳斯卡方格纹彩陶碗（图2.19）[2]的外壁见有各色方格纹装饰。纳斯卡阶梯纹双流提梁彩陶瓶（图2.20）[3]，以多彩阶梯纹作为主纹。纳斯卡菱格纹彩陶罐（图2.21）[4]的主纹为菱格纹，辅助纹饰为阶梯纹。

图2.18 纳斯卡条纹陶排箫

菱格纹、方格纹和阶梯纹等纹样不仅出现在陶器上，也大量出现在纺织品上。帕拉卡斯和纳斯卡的纺织品在南美洲物质文明中闪烁着耀眼光芒，在世界纺织品史上也占有独特地位。纳斯卡陶器和纺织品刺绣都取得极高成就，在纹饰上两者相互借鉴。

图2.19 纳斯卡方格纹彩陶碗

图2.20 纳斯卡阶梯纹双流提梁彩陶瓶

图2.21 纳斯卡菱格纹彩陶罐

1　中国国家博物馆编：《失落的经典：印加人及其祖先珍宝精粹》，第115页，中国社会科学出版社，2006年。
2　美国大都会艺术博物馆官网上该文物网址：https://www.metmuseum.org/art/collection/search/309740。
3　美国大都会艺术博物馆官网上该文物网址：https://www.metmuseum.org/art/collection/search/698447。
4　美国大都会艺术博物馆官网上该文物网址：https://www.metmuseum.org/art/collection/search/309757。

（二）植物纹

纳斯卡陶器描绘有各种植物纹，大多是与纳斯卡人生活息息相关的蔬果。描绘蔬果纹的彩陶器以碗为主，其次是双流提梁陶瓶。纳斯卡彩陶碗常见彩绘利马豆（图2.22）[1]、豆荚（图2.23）[2]、辣椒（图2.24）[3]、西红柿（图2.25）[4]以及瓜果（图2.26a[5]、图2.26b[6]、图2.26c[7]）等。纳斯卡双流提梁陶瓶见有利马豆纹（图2.27）[8]和切里莫亚果纹（图2.28）[9]等。

纳斯卡陶器所画植物均为写实风格，都是秘鲁常见的植物及其果实。其中，辣椒、西红柿和切里莫亚果等植物的原产地在南美洲。切里莫亚果表皮有突出的尖刺，陶工用戳印的圈点纹来表达该特征，形神皆似，艺术表现力强。

图2.22 纳斯卡利马豆纹彩陶碗

图2.23 纳斯卡豆荚纹彩陶碗

图2.24 纳斯卡辣椒纹彩陶碗

图2.25 纳斯卡西红柿纹彩陶碗

---

1 美国大都会艺术博物馆官网上该文物网址：https://www.metmuseum.org/art/collection/search/309402。
2 美国大都会艺术博物馆官网上该文物网址：https://www.metmuseum.org/art/collection/search/313300。
3 美国大都会艺术博物馆官网上该文物网址：https://www.metmuseum.org/art/collection/search/309733。
4 美国大都会艺术博物馆官网上该文物网址：https://www.metmuseum.org/art/collection/search/309721。
5 美国大都会艺术博物馆官网上该文物网址：https://www.metmuseum.org/art/collection/search/308581。
6 美国大都会艺术博物馆官网上该文物网址：https://www.metmuseum.org/art/collection/search/309726。
7 美国大都会艺术博物馆官网上该文物网址：https://www.metmuseum.org/art/collection/search/309727。
8 Christopher B. Donnan: *Ceramics of Ancient Peru*, Regents of the University of California,1992, p.46.
9 同上。

图 2.26 纳斯卡瓜果纹彩陶碗

图 2.27 纳斯卡利马豆纹双流提梁彩陶瓶　　　图 2.28 纳斯卡切里莫亚果纹双流提梁彩陶瓶

（三）动物纹

纳斯卡陶器上的动物纹种类多，空中的飞鸟、海里的鲸鱼和地上的走兽都有所呈现。

蜂鸟纹是纳斯卡陶器最有特色的飞鸟纹之一，通常出现在双流提梁陶瓶、陶罐和陶鼓上。纳斯卡陶工描绘的蜂鸟体形小，喙细长（图 2.29）[1]。蜂鸟大多生活在中南美洲，为美洲特有物种，体形很小，是世界上体格最小的鸟类。蜂鸟飞行时两翅急速拍动，频率可达每秒 50 次以上，是善于在空中悬停的鸟类。秘鲁古代陶工把握住了蜂鸟这一独特飞行技能，将其描绘在陶器上。如纳斯卡蜂鸟吸花蜜纹双流提梁陶瓶（图 2.30）[2]描绘了悬停的蜂鸟。纳斯卡陶工习见蜂鸟，了解其习性，常将蜂鸟与花卉描绘在一起。如纳斯卡蜂鸟花卉纹人面纹陶鼓（图

1　美国大都会艺术博物馆官网上该文物网址：https://www.metmuseum.org/art/collection/search/316886。
2　美国大都会艺术博物馆官网上该文物网址：https://www.metmuseum.org/art/collection/search/310543。

图 2.30 纳斯卡蜂鸟吸花蜜纹
双流提梁陶瓶

图 2.29 纳斯卡蜂鸟纹双流提梁陶瓶

图 2.31 纳斯卡蜂鸟花卉纹人面纹陶鼓

2.31）[1]，上部描绘有深红、棕黄双色花朵，蜂鸟悬停，正吸取花蜜，这是对自然界中蜂鸟吸吮花蜜的真实描绘。

　　纳斯卡陶器上常见的鸟纹还有燕鸥、天鹅、秃鹰纹等，其构图方式有两种。一种是单体连续式。如纳斯卡飞燕纹彩陶碗（图 2.32）[2]，外壁绘一周飞翔的燕子，燕羽黑白，燕头朝右，双翅张开，燕尾似剪刀，每只燕形态相同，中间以竖线分隔。又如纳斯卡鸟纹彩陶碗（图 2.33）[3]，外壁一周绘首尾相接的小鸟，每只鸟的颜色和身姿相同。再如纳斯卡天鹅纹彩陶碗（图 2.34）[4]，外壁绘一周

图 2.32 纳斯卡飞燕纹彩陶碗　　　　图 2.33 纳斯卡鸟纹彩陶碗　　　　图 2.34 纳斯卡天鹅纹彩陶碗

1　中国国家博物馆编：《失落的经典：印加人及其祖先珍宝精粹》，第 109 页，中国社会科学出版社，2006 年。
2　美国大都会艺术博物馆官网上该文物网址：https://www.metmuseum.org/art/collection/search/309403。
3　美国大都会艺术博物馆官网上该文物网址：https://www.metmuseum.org/art/collection/search/308572。
4　美国大都会艺术博物馆官网上该文物网址：https://www.metmuseum.org/art/collection/search/309737。

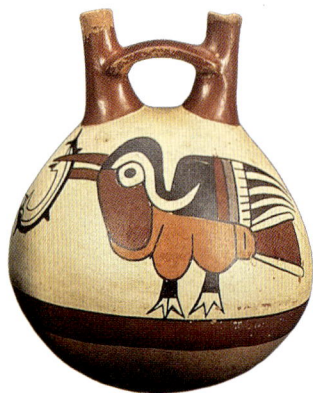

图 2.35 纳斯卡燕鸥捕鱼图双流提梁陶瓶

图 2.36 纳斯卡秃鹰食首级图彩陶碗

白天鹅，每只天鹅都是白羽红喙红掌，曲项向后，体形优美。通过这些陶器可知，单体连续式是纳斯卡彩陶纹饰的常见构图方式。另一种是场景连续式。如纳斯卡燕鸥捕鱼图双流提梁陶瓶（图 2.35）[1]，瓶体两面纹饰相同，皆为燕鸥衔鱼、鱼奋力挣脱的画面。又如纳斯卡秃鹰食首级图彩陶碗（图 2.36）[2]，外壁采用四方连续式绘秃鹰食首级场景。秃鹰体型庞大，羽翅大张，正吞食人首。场景连续式构图在纳斯卡陶器上并不多见。

纳斯卡陶器最具特色的海洋动物纹是虎鲸纹。纳斯卡虎鲸纹，身躯长且流畅，尾部一律上翘，构成 U 形，与帕拉卡斯虎鲸纹相似，是对帕拉卡斯陶器绘画手法的继承。不过，纳斯卡虎鲸纹拟人化程度更高。如纳斯卡虎鲸纹双流提梁陶瓶（图 2.37）[3]上的虎鲸手臂、手掌和手指清晰可辨，比帕拉卡斯陶器上的虎鲸（图 1.32）的手更像人手。虎鲸有的手握空拳（图 2.37a），有的手提战俘首级（图 2.37b）。虎鲸提首级的形象不仅被绘在陶器上，也被塑造成陶器器身，还出现在纳斯卡地画里。

纳斯卡陶器的两栖动物纹有蛙纹、蝌蚪纹，水生动物纹有鱼纹、螃蟹纹等。它们都具有繁殖能力很强、数量庞大的特点。陶工将其描绘得可爱、生动和富有趣味。纳斯卡群鱼纹双流提梁陶瓶（图 2.38）[4]上描绘了群鱼欢游图。纳斯卡蟹纹彩陶碗（图 2.39）[5]，内底所绘螃蟹，蟹钳向前，双眼上望，作紧张状。纳

1　Christopher B. Donnan: *Ceramics of Ancient Peru*, Regents of the University of California,1992, p.48.
2　美国大都会艺术博物馆官网上该文物网址：https://www.metmuseum.org/art/collection/search/310356。
3　美国大都会艺术博物馆官网上该文物网址：https://www.metmuseum.org/art/collection/search/308571。
4　美国大都会艺术博物馆官网上该文物网址：https://www.metmuseum.org/art/collection/search/309730。
5　美国大都会艺术博物馆官网上该文物网址：https://www.metmuseum.org/art/collection/search/316272。

a   b

图 2.37 纳斯卡虎鲸纹双流提梁陶瓶

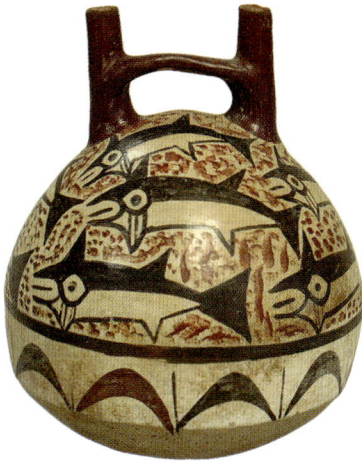

图 2.38 纳斯卡群鱼纹双流提梁陶瓶

图 2.39 纳斯卡蟹纹彩陶碗   图 2.40 纳斯卡蛙纹彩陶杯

斯卡蛙纹彩陶杯（图 2.40）[1]，口沿下描绘了一周作向上跳跃状的青蛙。纳斯卡陶器上的蛙纹与帕拉卡斯陶器上的蛙纹（图 1.35）姿态和动作相似，但更生动。

　　纳斯卡陶器最具特色的爬行动物纹是美洲虎纹。美洲虎纹是秘鲁古代文明中一脉相承的纹样，不过在传承过程中细节处总在变化。查文、帕拉卡斯美洲虎纹有大獠牙，表情凶猛；而纳斯卡陶器上的美洲虎戴有半截面罩，表情可爱。查文美洲虎爪下是猎物，纳斯卡美洲虎常与蔬果相伴。如纳斯卡美洲虎纹双流提梁陶瓶（图 2.41a）[2] 上绘有美洲虎与瓜果（图 2.41b）[3]，这是一种南美洲常见的瓜，名为茄瓜，也称为香瓜茄或人参果。

　　纳斯卡陶器常见的爬行动物纹还见有猴纹、蛇纹、蜥蜴纹、羊驼纹、狐狸纹、兔纹和鼠纹等。纳斯卡猴纹有的戴帽，有的佩戴半截面罩，常与蔬果植物为伴。

a   b

图 2.41　纳斯卡美洲虎纹双流提梁陶瓶

a   b

图 2.42　纳斯卡猴纹双流提梁陶瓶

1　美国大都会艺术博物馆官网上该文物网址：https://www.metmuseum.org/art/collection/search/309734。
2　美国大都会艺术博物馆官网上该文物网址：https://www.metmuseum.org/art/collection/search/308569。
3　Alan R. Sawyer: *Ancient Peruvian Ceramics*, The Metropolitan Museum of Art, 1966, p.124.

如纳斯卡猴纹双流提梁陶瓶（图 2.42a）[1]
上描绘了一只头戴面具、身穿遮羞布的猴
子正吃着辣椒（图 2.42b）[2]。另一件纳斯
卡猴纹双流提梁陶瓶（图 2.43）[3] 上则描绘
了穿行在丛林中的猴。

图 2.43 纳斯卡猴纹双流提梁陶瓶

纳斯卡陶工笔下的爬行动物纹被描绘
得充满卡通感，即使是追捕场景，亦有动
画美。如纳斯卡狐狸追兔纹彩陶杯（图
2.44）[4] 上描绘了一幅狐狸捕猎图，狐狸正
追逐一只兔子，兔子一路狂奔，气氛紧张，
画面生动。

图 2.44 纳斯卡狐狸追兔纹彩陶杯

（四）人物纹

纳斯卡彩陶的人物有着各种形态，有
舞蹈、盘坐、站立、持棍棒或飞镖等。如
纳斯卡舞蹈纹彩陶杯（图 2.45）[5]，外壁彩绘的
舞蹈者双脚分开，与肩同宽，腿稍弯曲，一手
抬起，一手下摆，身躯扭动，动作整齐划一，
动感十足。

纳斯卡首级纹在纳斯卡彩陶上随处可见，
有完整的首级纹，有被吞噬的首级纹，有简化
的首级纹，也有极简的细小首级。首级纹既作

图 2.45 纳斯卡舞蹈纹彩陶杯

1　美国大都会艺术博物馆官网上该文物网址：https://www.metmuseum.org/art/collection/search/308570。
2　Alan R. Sawye: *Ancient Peruvian Ceramics*, The Metropolitan Museum of Art, 1966, p.126.
3　中国国家博物馆编：《失落的经典: 印加人及其祖先珍宝精粹》，第 112 页，中国社会科学出版社，2006 年。
4　美国大都会艺术博物馆官网上该文物网址：https://www.metmuseum.org/art/collection/search/313303。
5　中国国家博物馆编：《失落的经典: 印加人及其祖先珍宝精粹》，第 113 页，中国社会科学出版社，2006 年。

图 2.46 纳斯卡首级纹彩陶鼓

主纹（图 2.46a）[1]，又与其他纹样组合成各种吞噬和舔舐首级的画面，还可作边饰，如木乃伊形陶罐（图 2.15）上的假脑袋戴着帽，帽沿一周绘白色极简首级纹为边饰。首级的表现形式有侧脸，也有正脸，有单个的，也有成对的，还有成串的。首级颜色多种，有褐红色、米白色、白色等。首级纹绘在各种不同颜色的地子上，有米白地、白地、红地、青灰地、橘黄地、黑地等。首级与地子的配色很讲究，有褐红色首级配米白地子，米白色首级配棕红地子，棕黄色首级配青灰地子等。无论首级何种面色，头发均为黑色，并且扎成小辫或梳成一绺绺的。小辫或竖在头顶，或垂于侧边。大多数首级带有圆形耳饰。有的首级张嘴露牙，有的首级抿嘴，嘴角或平，或下搭，或上扬，其眼神或惊讶，或恐惧，或无奈，或喜悦，具有各种表情。有的首级纹旁伴有绳带（图 2.46b）[2]，中间打圈，绳带在颜色上与首级纹形成对比。

（五）神怪纹

纳斯卡神怪纹是纳斯卡彩陶的常见纹样，也是纳斯卡彩陶极具特色的纹饰，

1　此图由秘鲁国家考古学人类学历史学博物馆提供，图中的文物为湖南省博物馆"秘鲁古代文明展——探寻印加帝国的源流"展品。

2　此图由陈锐拍摄，图中的文物为湖南省博物馆"秘鲁古代文明展——探寻印加帝国的源流"展品，秘鲁中央银行附属博物馆藏品。

表现的是多种强大凶猛动物的糅合体或与人体结合的超自然生物体。有海洋霸主虎鲸与陆地之王美洲虎相结合的神怪[1]，其前半身为美洲虎的头与前腿，后半身是虎鲸身躯，佩戴面具和头饰，一手持权杖，一手揪首级。有美洲虎与秃鹰相结合的神怪（图2.47abc）[2]，前半身为美洲虎的头与前腿，后半身是天空霸主秃鹰的身体、翅膀、尾羽和腿，戴着半截面罩，揪住首级的双辫，伸长舌舔舐首级，双翅和身体上挂首级（图2.47d）[3]。有人首双身神怪（图2.48）[4]，戴面罩和首饰，手持权杖，人身呈站立姿势，虎鲸身长且尾部弯曲上扬，尾后挂一首级。有水神，纳斯卡水神纹彩陶杯（图2.49a）[5]，外壁所绘水神的形象为人面双身，戴半截面具，佩头饰，张嘴吐青蛙，双身为人身和虎鲸身，虎鲸

图2.47 纳斯卡神怪纹彩陶瓶

1　　Richard F. Townsend: *Deciphering the Nazca World: Ceramic Images from Ancient Peru*,Art Institute of Chicago Museum Studies,1985,11(2),p.116.

2　　美国大都会艺术博物馆官网上该文物网址： https://www.metmuseum.org/art/collection/search/308582。

3　　Alan R. Sawye: *Ancient Peruvian Ceramics*, The Metropolitan Museum of Art, 1966, p.125.

4　　T.A.Joyee: *On an Early Type of Pottery from the Nasca Valley, Peru, The Burlington Magazine for Connoisseurs*, 1913, 22(119),p.250.

5　　此图由秘鲁国家考古学人类学历史学博物馆提供，图中的文物为湖南省博物馆"秘鲁古代文明展——探寻印加帝国的源流"展品。

图 2.48 纳斯卡人首双身神怪纹

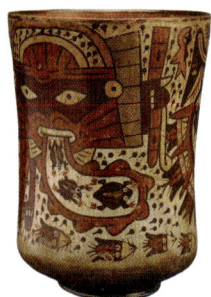

a

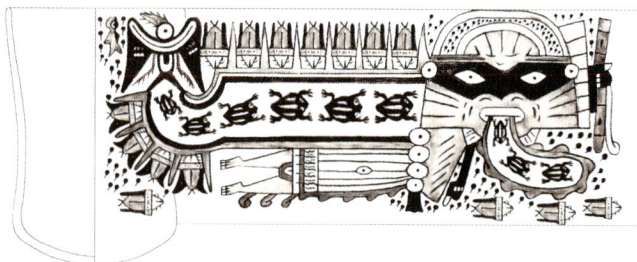

b

图 2.49 纳斯卡水神纹彩陶杯

a

b

图 2.50 纳斯卡神鸟纹彩陶瓶

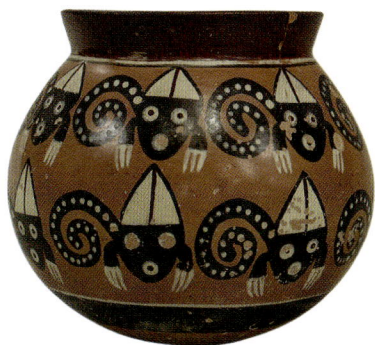

图 2.51 纳斯卡神怪纹陶彩罐

图 2.52 纳斯卡双头蛇神纹彩陶罐

图 2.53 纳斯卡神怪纹彩陶罐

体内是成群的青蛙，水神周边围着鱼与蝌蚪（图 2.49b）[1]。有神鸟，如纳斯卡神鸟纹彩陶瓶（图 2.50a）[2]，腹部一周绘神鸟纹，神鸟兼有爬行动物的特征，每根尾羽都是一条吐着信子的蛇，神鸟嘴巴正吞噬首级，腹部挂有两个首级（图 2.50b）[3]。还有人身蛇尾的神怪，如纳斯卡神怪纹彩陶罐（图 2.51）[4] 所示。神怪纹与首级纹、蛇纹常共同出现，这在纳斯卡木乃伊形陶罐（图 2.15）上得到集中体现，罐身上描绘有各种神怪纹、大量首级纹以及颜色各异的大小蛇纹。

纳斯卡陶器的神怪纹有纳斯卡人独创的，亦有从帕拉卡斯继承而来的，纳斯卡双头蛇神纹（图 2.52）[5] 与帕拉卡斯双头蛇神纹相似。

纳斯卡神怪纹在纳斯卡陶器纹饰中变化较大，数量最多，存在明显早晚期差异。早期神怪纹生动活泼，上述纳斯卡陶器神怪纹均为这一时期的纹样。纳斯卡晚期神怪形象则趋于简单和呆板，多为人脸兽头蛇发，人身人腿，伸长舌，舔舐一串首级。

1　此图由湖南省文物考古研究院张涛研究员绘制。
2　此图由秘鲁国家考古学人类学历史学博物馆提供，图中的文物为湖南省博物馆"秘鲁古代文明展——探寻印加帝国的源流"展品。
3　此图由湖南省文物考古研究院张涛研究员绘制。
4　美国大都会艺术博物馆官网上该文物网址：https://www.metmuseum.org/art/collection/search/309719。
5　Christopher B. Donnan: *Ceramics of Ancient Peru*, Regents of the University of California,1992, p.47.

有的神怪已相当简化，如纳斯卡神怪纹彩陶罐（图2.53）[1]，腹部的神怪纹为两个相连的头部，神怪形象缺乏灵动，表明纳斯卡神的威信和凝聚力减弱，纳斯卡文化已走向衰亡。

四、主要特征及影响

纳斯卡彩陶在帕拉卡斯彩绘陶的基础上，取得了技术上的重大突破，不再使用彩料黏树脂涂抹纹饰，而是先施彩再入窑，经窑火烧造后，纹饰色彩艳丽。这是秘鲁古代彩陶烧造史上里程碑式的进步。纳斯卡彩陶用彩丰富，绚丽多姿，以彩陶闻名于世。彩陶中最具特色的彩是白彩，洁白纯净。纳斯卡的黑彩黑如墨，红彩有深红、棕红、橘红和粉红等多种色阶。

在器形上，纳斯卡陶器有以下四个特点：

（1）制作规整，胎壁厚薄均匀，大型陶罐亦如此。

（2）器多圜底，有深圜底、浅圜底和圜形尖底。

（3）纳斯卡提梁陶瓶数量多，以双流提梁陶瓶为主，也有单流提梁陶瓶。纳斯卡提梁陶瓶源自帕拉卡斯，并对后世产生影响，一直是秘鲁南部地区的常见瓶形。

（4）木乃伊形陶罐和首级形陶瓶最具特色。

纳斯卡陶器纹饰特色鲜明，主要表现在三个方面：

其一，纹饰多彩。纳斯卡陶器纹饰用色丰富，鲜艳明快，持久耐用。在秘鲁古陶器史上，乃至世界古陶器史上，纳斯卡彩陶都占有重要地位。

其二，以色块构图。纳斯卡陶工用色块形式描绘各种纹样。色块涂抹均匀精细，不同颜色的色块之间用黑彩描绘轮廓边线，线条清晰流畅。各种颜色和形状的色块绘在陶器表面构成纹饰是纳斯卡彩陶施彩的突出特点。

其三，纹饰具有卡通艺术效果，且极富想象力。

我们依据纳斯卡陶器的彩料、器形和纹饰的特征，运用考古类型学方法，将

---

1   美国克利夫兰美术馆官网上该文物网址：https://www.clevelandart.org/art/1946.279。

纳斯卡陶器的发展分为三个阶段：早期、中期和晚期。

纳斯卡早期陶器为帕拉卡斯陶器到纳斯卡陶器的过渡阶段。从彩绘陶到彩陶，陶器纹样从简单到复杂，从留白多到留白减少。拟人化的虎鲸、美洲虎和战俘首级在纳斯卡早期陶器中相当常见。纳斯卡彩陶风格逐渐形成。

纳斯卡中期彩陶质量达到顶峰。一件彩陶器上描绘十多种颜色，单件器皿上有 13 种不同颜色，图案复杂，画面呈现密不透风的特色。各种极富想象力的神怪纹和大小首级纹大量出现在彩陶上。木乃伊形大陶罐是这一时期的典型代表。这种陶罐器形大，用彩丰富，色泽鲜亮，纹饰多样，构图不留白，体现了纳斯卡工匠制作、装饰和烧造陶器的高超水平。

纳斯卡晚期彩陶质量下降。陶器上的彩色减少，色泽不及中期艳丽。纹饰没有中期精致，抽象纹饰增多，几乎不见神怪纹，取而代之是抽象简化的神人纹。人物造型呈颓废之态，晚期武士失去了早期和中期武士的精气神，显出垂垂暮气。晚期男人形像和女子形像身体臃肿，四肢纤弱。

纳斯卡文化持续了 800 多年，于公元 7 世纪被扩张的瓦里帝国吞并。纳斯卡虽被瓦里所灭，但纳斯卡陶器及其装饰风格被瓦里陶器继承和发扬。

第二节　兴盛的莫切陶器

公元前 1 世纪，查文文化式微，秘鲁北部山区和滨海区域各个部族蓬勃发展。考古资料显示，公元前 4 世纪，莫切人在莫切河谷和奇卡玛河谷一带繁衍生息，经历数个世纪的发展，于公元 4 世纪至 6 世纪，成为秘鲁北部最强大的部族。最强盛时期，莫切向北扩展到兰巴耶克河谷，往南发展到华尔美河谷，统治秘鲁北部海岸和安第斯山区。莫切人的生存以农业为主、以海洋资源为辅。他们高度重视农业，兴修水利，建造大规模水渠灌溉工程，开垦耕地，将几个河谷连成一片，让干旱、季节性无雨水地区变成富饶的农业种植区。莫切人在建筑、天文、宗教、艺术等多领域取得了辉煌成就，尤以建筑、制陶、金属制作和纺织技艺成绩斐然。在建筑方面，莫切人建造以神庙为代表的巨型宗教建筑。在纺织方面，莫切人将各种精美图案织入毛纺品。莫切人在金银器制作上，取得的高超成就可从锡潘王墓中出土的大量金银器发掘品中得到见证。

莫切陶器是莫切物质文明中的璀璨明珠。莫切陶工在查文陶器、库比斯尼克陶器等北方陶器的基础上，不断融合创新，将秘鲁古代陶器发展推向新高度。莫切陶器大量的彩绘画面和器身造型，为我们揭示了古代秘鲁人的精神信仰和日常生活等诸多方面的信息。

一、胎、彩与成型

（一）胎

莫切陶器胎色较多，有棕红、淡红、灰、灰白、灰黄、黑褐和黑等。胎土淘洗较好，几乎不含砂粒和杂质。有的胎体中含蜂窝状的孔隙，胎质较疏松。

陶胎上施有较厚的陶衣，厚度达 2—3 毫米。陶衣细腻匀净，颜色较多，有奶白、米黄、杏黄、褐红、棕红、黑褐和纯黑等。陶衣既美化了器物表面，又作描绘纹饰的地子，使彩色更鲜明，纹饰更清晰。

（二）彩

莫切陶工灵活运用棕红、浅黄以及黑褐等颜色互相搭配，烧造彩陶。最常见的色彩搭配是以棕红为地色，其上绘浅黄色纹样，或以浅黄色为地色，其上绘棕红色纹饰。还有以奶白色为地色，其上镶嵌黑色物质；以红色为地色，其上绘浅黄色和黑褐色纹饰；以浅黄色为地色，其上绘棕红和黑褐色花纹；以黑色为地色，其上点缀绿松石或多色贝壳。此外，用黑彩描绘眉毛、眼眶、纹身等。用黄彩描绘服饰上的圆形金片、帽上的金冠、鼻子上的金鼻坠、耳朵上的金耳饰和手腕上的金腕饰。用褐彩描绘精细画面。莫切陶工擅长于在施加陶衣的陶器上用褐色、黑色、红色等矿物颜料绘画各种纹样和图案，但单个器物上用彩一般不会超过3种颜色。

（三）成型

成型是陶器生产工序之一，是将制备好的陶泥制成特定形状并具有一定机械强度的生坯。莫切陶器多用手工捏塑、捏塑拍制、轮制和模制等方法成型。

（1）捏塑法。将制陶黏土用手捏成各种形态，从而成型。

（2）捏塑拍制法。在捏塑基础上，辅以陶砧或圆石，用陶砧顶住陶胎内部，再用木拍拍打胎体表面塑形。

（3）轮制法。将陶泥放在转动的陶车旋盘上，利用圆盘的旋转制作圆器，使之规整。莫切陶工使用的是一种转速慢的陶车，类似于我国新石器时代的慢轮。

（4）模制法，即用模具制坯。大部分莫切陶器是用两块陶模具压模成型的。在陶模具内雕刻陶器造型，一块陶模为陶器造型的前半部，另一块陶模为陶器造型的后半部。将陶泥压入两个模具中合模，陶泥快干时脱模而出，然后粘接，得到与模具所塑一样的造型。莫切陶工用模制法制作了大量相同的人物、动物、植物、场景等造型的陶塑容器。模制法大大提高了陶塑容器的制作效率。考古资料也证明了这一点，在莫切遗址和墓葬中出土了大量相同的陶瓶和陶罐。

下面以莫切陶器中数量最多、最具代表性的马镫口陶瓶成型为例，具体说明莫切陶器成型工艺。其制作过程有以下四大步骤：

第一步：制作马镫口。先搓出泥条，再碾成陶泥片；然后将小圆棍置于泥片中，将泥片卷于小圆棍上，抽取出中间的小圆棍，形成第一根圆管；以同样的方法再制作两根圆管；然后将三根圆管合拢拼接，一根竖向，另外两根弯曲分叉，使之呈马镫形。

第二步：制作瓶身。瓶身造型丰富，成型方法有三种：模具法，用两块模具压模制成，这是莫切马镫口陶瓶的主要成型方法，用来制作各种造型的瓶体；轮制法，主要用于圆形瓶身的修坯成型；捏制法，主要用于除圆形外的几何形瓶体的成型。

第三步：拼接马镫口与瓶身。在瓶身上旋挖两个与马镫口圆管大小配套的孔，再将马镫口安装在瓶体上。有的马镫口安在瓶体的上方，有的装在瓶体的背面上部。

第四步：修坯抛光。先修马镫口陶瓶坯体，然后打磨表面。莫切陶器打磨抛光工艺与库比斯尼克和查文陶器抛光工艺一脉相承。

二、器形

莫切陶器主要有瓶、罐、碗、杯、釜、盆和号等器形。

（一）瓶

根据瓶口特征，可将莫切陶瓶分为三种类型：A 型马镫口陶瓶、B 型直口陶瓶和 C 型敞口陶瓶。其中，A 型马镫口陶瓶是莫切陶器最具代表性的器物，数量庞大，造型奇特，式样丰富，陶塑表现力强。

A 型：马镫口，器身，平底，也有少量圈足。马镫口造型奇特，瓶口、瓶颈和提梁合为一体，圆管状口颈部往下分成两根圆管，两根分叉的圆管圆弧向下形成环形提梁，再接在瓶身上，圆管与器身相通，这一形态颇似马鞍上垂下的马镫，故命其名为马镫口陶瓶，其形源自查文马镫口陶瓶。马镫口有横向安装在瓶身上部的，也有竖向安装在瓶身背部的。根据 A 型陶瓶器身造型，将其分为六式：人物式、肖像式、动物式、植物式、场景式和几何式。

I 式：器身为人物造型。瓶身被塑造成各种神和人的形象，有莫切神、巫师、

武士、平民、俘虏、夫妻等。陶瓶上的形象、
姿势、头饰、服饰、持有物等都对研究莫切社
会具有重要价值。如莫切神人形马镫口陶瓶（图
2.54）[1]是 A 型 I 式陶瓶的典型器，高 19.7 厘米，
瓶身为从凤螺中钻出的莫切神造型，马镫口安
在瓶身背部，平底。胎色淡红，以浅黄色和棕
红色为饰。此神双眼凸出，口中露出两对大獠牙，
头戴美洲虎形帽，腰系双头蛇带，手持梭镖和
投射器。从其战斗形象可知，此神是莫切神话
中富冒险精神和英雄色彩的斩首神。

图 2.54 莫切神人形马镫口陶瓶

II 式：器身为肖像造型。瓶身被塑造成各种肖像形象，有神人、人物肖像和
骷髅头等。肖像为真人头部的一半或三分之二大小，有青年、中年、老年、骷
髅等，高度还原真人的神情和神态。II 式陶瓶是了解莫切人长相、妆容、头饰
及其生死观念的重要实物资料。如莫切人物肖像形马镫口陶瓶（图 2.55a）[2]是 A
型 II 式陶瓶的典型器，高 28.5 厘米，瓶身为
年轻男子肖像造型，马镫口安在男子头顶上，
平底。胎色棕红，浅黄色为饰。男子国字脸，
双眼皮，大眼睛，大鼻子，薄嘴唇，嘴角微
上翘，招风耳，头戴幞头帽，包裹幞头的帽
带上绘有阿拉豆纹（图 2.55b）[3]，这是对莫
切人长相和日常装扮的真实塑造。

III 式：器身为动物造型。瓶身被塑造成

a   b
图 2.55 莫切人物肖像形马镫口陶瓶

---

[1]　此图由秘鲁拉鲁克博物馆提供，图中的文物为湖南省博物馆"秘鲁古代文明展——探寻印加帝国的
源流"展品。

[2]　此图由秘鲁国家考古学人类学历史学博物馆提供，图中的文物为湖南省博物馆"秘鲁古代文明展——
探寻印加帝国的源流"展品。

[3]　此图由陈锐拍摄，图中的文物为湖南省博物馆"秘鲁古代文明展——探寻印加帝国的源流"展品，秘
鲁国家考古学人类学历史学博物馆藏品。

图 2.56 莫切蜥蜴形马镫口陶瓶

动物或动物头的形象，有山鹰、鸮、鹦鹉、蝙蝠、鸭、美洲虎、美洲狮、羊驼、海狮、鹿、猴、蜥蜴、狗、蛙、鱼等。如莫切蜥蜴形马镫口陶瓶（图2.56）[1] 是 A 型 III 式陶瓶的典型器，高 17.1 厘米，瓶身为蜥蜴的造型，马镫口竖向安装在蜥蜴的背上，平底。胎色黑，其上嵌有各色贝壳。蜥蜴匍匐在瓶体上，眼睛圆睁，嘴巴紧闭，尾巴摆向身体右侧，前腿撑起，后腿半蹲，保持着高度警觉。蜥蜴的眼睛和身上的鳞片由贝壳镶嵌而成，贝壳有白、棕红、鲜红等颜色，有的贝壳已脱落。此外，还有成对动物形的马镫口陶瓶，其造型多为动物交配状。

IV 式：器身为植物造型。瓶身被塑造成植物形象，有土豆、玉米、木薯、南瓜等。如莫切土豆形马镫口陶瓶（图 2.57）[2] 是 A 型 IV 式陶瓶的典型器，高 27.5 厘米，瓶身为一个土豆造型，平底。胎色棕红，以浅黄、褐红和黑色为饰。瓶身施了一层黄土豆颜色的浅黄陶衣，再用褐红色描绘眼睛和嘴巴，黑色勾描眉毛和胡须。瓶体表面似土豆表面凹凸起伏，凹处画有棕红色小点。

V 式：器身为场景造型。瓶身被塑造成莫切社会生活中的各种场景，有祭祀、制酒、行舟、两性生活、建筑等场景造型。场景形马镫口陶瓶造型最为丰富，真实地再现了莫切人日常生活，具有极高研究价值。

图 2.57 莫切土豆形马镫口陶瓶

1   此图由秘鲁利马博物馆提供，图中的文物为湖南省博物馆"秘鲁古代文明展——探寻印加帝国的源流"展品。
2   中国国家博物馆编：《失落的经典：印加人及其祖先珍宝精粹》，第 141 页，中国社会科学出版社，2006 年。

如莫切祭祀山神场景马镫口陶瓶（图 2.58）[1]
是 A 型 V 式陶瓶的典型器，高 21.5 厘米，瓶身
为五峰相连的山脉造型，马镫口竖向安在山体
背面，矮圈足。胎色淡红，施以棕红和浅黄陶衣，
前山用浅黄陶衣上色，后山则涂抹棕红色陶衣。
瓶身最高峰的峰顶上有一个献祭者，散发赤身，
腹部扣于山尖，上半身挂在前山，下半身悬于
后山。五座山峰相连的山坳处各有一个准备跳
悬崖的献祭者，有的面带微笑，有的面露惊恐。
山间平地上躺着一具仰面朝天的献祭者尸体，
另有两名献祭者正向平地坠落。半山腰上有一
名巫师，他头戴美洲虎头帽，佩戴耳饰，表情
肃穆，端坐在台地上，主持这场祭山仪式。

图 2.58　莫切祭祀山神场景马镫口陶瓶

　　VI 式：器身为几何形造型。瓶身被塑造成
几何形状，有圆球形、方形、圆柱形、圆锥形、
圆环形、梯形、阶梯形等。其中，球形马镫口
陶瓶最为常见，其上多绘画。若几何形瓶腹上
塑造了场景，则归入 A 型 V 式陶瓶；若其上
塑造了动物，则归入 A 型 III 式陶瓶；若其上
塑造了人物，则归入 A 型 I 式陶瓶。莫切神划
船图圆腹马镫口陶瓶（图 2.59）[2] 是 A 型 VI 式
陶瓶的典型器，高 29.6 厘米，圆球体腹，马
镫口横向安在瓶腹上，平底。胎色淡红，浅黄
色陶衣，再用棕红色描绘图案，瓶身满绘神人
在大海上捕鱼的情景。神人划着宽桨，驾着月

图 2.59　莫切神划船图圆腹马镫口陶瓶

1　此图由秘鲁拉鲁克博物馆提供，图中的文物为湖南省博物馆"秘鲁古代文明展——探寻印加帝国的源流"展品。
2　此图由秘鲁拉斯哈卡斯神殿群博物馆提供，图中的文物为湖南省博物馆"秘鲁古代文明展——探寻印加帝国的源流"展品。

牙形虎头芦苇船，船上有渔网和两个敞口陶罐，罐颈部缠着绳带，便于提取。神人大眼，鹰钩鼻，微张嘴，露獠牙，头戴插有美洲虎头棒的环状帽饰，耳戴美洲虎头的大耳坠，身穿无袖套头衫。船四周绘有各种相伴捕鱼的海鸟，鱼群作逃散状。

B 型：直口，管状瓶颈，球形腹，平底，颈与上腹一侧置曲柄。如莫切曲柄直口陶瓶（图 2.60）[1] 是 B 型陶瓶的典型器，高 18.5 厘米，器表双色陶衣装饰，上部施米黄色，下部施棕红色。

C 型：敞口，颈斜渐收，长圆腹，平底。

图 2.60 莫切曲柄直口陶瓶

（二）罐

根据罐口特征，将其分为三种类型：A 型小口罐、B 型敞口罐和 C 型敛口罐。

A 型：根据罐腹部特征的不同，分为两式。

I 式：小口，溜肩，鼓腹，腹下斜收，圜底。

II 式：小口，微敛，扁圆腹，圜底，腹部置一横柄。如莫切横柄小口陶罐（图 2.61）[2] 是典型的 A 型 II 式陶罐，高 11.4 厘米，小口，扁圆腹，圜底，腹部最大直径处安一横柄，柄呈弧形锥体状。红胎上饰米黄色条彩。

B 型：根据罐腹部特征的不同，分为两式。

图 2.61 莫切横柄小口陶罐

I 式：敞口，圆管状颈，鼓腹，平底。

II 式：敞口，圆管状颈，罐身造型丰富，多为各种人物造型，平底。如莫切人形敞口陶罐（图 2.62）[3] 是 B 型 II 式陶罐的典型器，高 26 厘米，罐身造型为一位被捆绑的战俘，罐口在头后，平底。战俘赤身蹲姿，光头，双眼大睁，目光

1　中国国家博物馆编：《失落的经典：印加人及其祖先珍宝精粹》，第 154 页，中国社会科学出版社，2006 年。
2　中国国家博物馆编：《失落的经典：印加人及其祖先珍宝精粹》，第 159 页，中国社会科学出版社，2006 年。
3　此图由秘鲁中央银行附属博物馆提供，图中的文物为湖南省博物馆"秘鲁古代文明展——探寻印加帝国的源流"展品。

无神，眼睛浮肿，眼眶周边被涂成黑色，双唇紧闭，面带威严，戴圆形黄色耳饰。一根粗绳套住战俘颈部，再绕到身后，将双手捆绑于背后，双手发青。这是莫切陶工对战俘的真实塑造。

C型：敛口，人物形腹或肖像形腹，平底。高等级墓葬大量出土C型陶罐。莫切肖像形敛口陶罐（图2.63）[1]是C型陶罐的典型器，高18厘米，此罐为男子的肖像造型，敛口，平底。男子戴风帽，帽上施黄色陶衣，帽带由褐色颜料画成，结带于前，左眼紧闭，显示已失明，右眼睁开，凝视着远方，表情刚毅坚定。这件肖像形敛口陶罐被塑造得生动细致，如同真人。

图 2.62 莫切人形敞口陶罐

图 2.63 莫切肖像形敛口陶罐

（三）碗

根据碗口特征，可分为两型：A型喇叭口陶碗和B型敞口陶碗。

A型：喇叭形大口，腹部斜收，平底。如莫切喇叭口陶碗（图2.64）[2]是典型的A型陶碗，高29.5厘米，口径41.5厘米，碗内口沿描绘武士搏杀和神怪搏斗场面。

图 2.64 莫切喇叭口陶碗

1　此图由秘鲁拉斯哈卡斯神殿群博物馆提供，图中的文物为湖南省博物馆"秘鲁古代文明展——探寻印加帝国的源流"展品。

2　此图由秘鲁拉鲁克博物馆提供，图中的文物为湖南省博物馆"秘鲁古代文明展——探寻印加帝国的源流"展品。

B 型：根据腹部特征的不同，分为两式。

I 式：敞口，弧腹，平底或圜底。

II 式：敞口，器身造型丰富，圜底或平底。器身
有动物形、人物形和场景形等。莫切鹿头形敞口陶碗[1]
是 B 型 II 式陶碗的典型器，整体造型是一个雄鹿头，
鹿角分支张开，双耳竖立，两眼圆睁，平底。

图 2.65 莫切骷髅头形直口陶杯

（四）杯

根据杯口特征，可分为三型：A 型喇叭口陶杯、B 型敞口陶杯和 C 型直口陶杯。

A 型：喇叭口，深腹，腹部斜收，平底。

B 型：敞口，深腹，高足。

C 型：直口，杯身造型丰富，平底。杯身造型有骷髅头、动物头等。骷髅头
形直口陶杯（图 2.65）[2]是 C 型陶杯的典型器，高 15.5 厘米，杯为人头骨形，平底。
胎色棕红，有黄色和黑色为饰。骷髅头面带微笑，圆眼深凹，鼻孔内凹，露出
整齐牙齿。这种骷髅头形陶
杯是巫师在祭祀仪式中使用
的器皿，用来祭奠逝者。

（五）釜

莫切陶釜，侈口，溜肩，
鼓腹，下腹斜收，圜底。在
器形上与我国汉代陶釜相似。

（六）盆

根据盆内特征，可分为
两型：A 型普通陶盆和 B 型

图 2.66 莫切冶金作坊场景陶盆

1　（美）戴尔·布朗主编，陈雪松翻译：《安第斯之谜：寻找黄金国》，第 132 页，广西人民出版社，
2002 年。

2　中国国家博物馆编：《失落的经典：印加人及其祖先珍宝精粹》，第 155 页，中国社会科学出版社，2006 年。

场景陶盆。

A 型：大敞口，深腹，腹部斜收，小平底。

B 型：敞口，深腹，平底，盆内塑造场景。
如莫切冶金作坊场景陶盆（图 2.66）[1]，高 21.7 厘
米，口径 29.7 厘米，盆内有四人围着火炉。三人
正用长管往火炉内吹风，一人用手触摸炉壁，判
断炉内火候。据考古发掘资料可知，莫切冶金火
炉没有风箱，而是通过用吹管往炉内吹气的方式
使木炭充分燃烧，从而提升炉内温度，熔化金、
银和铜矿石。此盆内所塑场景生动地反映出莫切
冶金作坊工作的场面。

（七）号

莫切陶号，喇叭状口，螺旋状器身，似现代
圆号。莫切贴塑武士像陶号（图 2.67）[2]，高 35
厘米，宽 14 厘米，是一件保存完好的陶号。此

图 2.67 莫切贴塑武士像陶号

号有鲜明的莫切特色，其上贴塑一个穿戴整齐的微型莫切武士像。武士戴半月
形冠，冠中间饰鸦头装饰物，佩鼻饰、耳饰和项链，手持权杖和圆形盾牌。

综上可知，莫切陶瓶、罐、碗、盆等器形的器身造型相当丰富。从器身造型看，
莫切陶器可分为两大类。一类为几何形器身，以圆形腹部居多。在莫切绘画和浅
浮雕作品中可以看到它们常出现在生产劳作的场景中，可见这类陶器的主要功能
为生活所用。另一类陶器器身为人物、动物、植物或场景造型。在莫切的贵族墓
和高等级墓葬中出土了大量这类陶塑容器，有的被一排排码放在墓主棺木旁，有
的被放置在墓主头部或头龛内，还有的被放置在墓葬四周的壁龛内，可知这类陶
塑容器主要用于祭祀和陪葬。

1　（美）戴尔·布朗主编，陈雪松译：《安第斯之谜：寻找黄金国》，第 40 页，广西人民出版社，2002 年。
2　此图由秘鲁拉鲁克博物馆提供，图中的文物为湖南省博物馆"秘鲁古代文明展——探寻印加帝国的源
流"展品。

三、装饰工艺

莫切陶工制作了大量造型丰富的陶塑容器，有莫切神、巫师、武士、手工业者、奴隶等神与人的形象，有美洲虎、蜥蜴、蛇、蛙、蜘蛛、猴、鹿、狗、鱼、海狮、秃鹰、鹦鹉、土豆、木薯、南瓜等自然界中的动植物形象，还有各种生产和生活场景等。陶塑容器的成型工艺多为模制。模制成型后，陶工运用多种装饰手法装饰陶器。莫切陶器中的圆形、方形、梯形或阶梯形等几何体造型陶器上亦有各种装饰。莫切陶器上常用的装饰工艺有施陶衣、浅浮雕、刻花、堆塑、镶嵌和彩绘。

（一）施陶衣

施陶衣，即在陶器表面施加的一层薄薄的物质。将较好的陶土经淘洗加工后，用水调和成泥浆，涂于陶器坯体表面。陶衣有白、黄、红、赭、黑等颜色。陶衣使陶器表面匀净光洁，能够更好地衬托彩绘纹饰。

（二）浅浮雕

浅浮雕是在陶器表面雕刻纹样，再将非纹样部分的地子剔去以突显雕刻纹样的一种装饰手法。莫切陶器上的浅浮雕主要为单层，这是莫切陶器对查文陶器常用的深剔雕刻技法的继承。这种浅浮雕工艺被大量运用于石构建筑装饰中，是陶器装饰工艺对石刻技术的借鉴和灵活运用。莫切陶工擅长在几何形器身上运用浅浮雕装饰技法，特别运用在圆形腹或方形腹的陶瓶和陶罐上。装饰题材较为丰富，有森林图、狩猎图、太阳纹和鹿纹等。

（三）刻花

刻花是在尚未干透的器物坯体表面用尖状工具刻出花纹的装饰技法。这是莫切陶工在陶器局部和细部上常用的装饰工艺，如刻眼眶、唇形、皱纹、脚趾、衣褶等，其手法灵活，线条自然流畅，常与其他装饰技法结合运用，使陶器纹饰更生动传神，富于变化。

（四）堆塑

堆塑是以手捏或模制而成的立体人物、动物、器皿、工具、建筑等粘贴在器物坯体上的装饰技法。莫切陶器大量运用此技法。陶工将此技法运用得炉火纯青，使莫切陶器上的场景翔实真切，富有表现力。

（五）镶嵌

镶嵌是莫切陶工在陶器表面雕刻出圆形、长条形、方形或心形等形状，然后嵌入与陶器表面颜色不同或材质不同的镶嵌物的装饰手法。嵌入物通常是比较珍贵的材料，有蓝绿色的绿松石、各色贝壳和黑色沥青等。镶嵌工艺让陶器变得美观，彰显珍贵和华美。如莫切吹笛人形马镫口陶瓶（图 2.68）[1] 是莫切陶器镶嵌装饰工艺的经典之作。这件陶瓶是模制成型的，高 21.4 厘米，胎色褐红，胎上施一层奶白色陶衣。瓶身造型为

图 2.68 莫切吹笛人形马镫口陶瓶

一个盘腿而坐的吹笛者，其帽饰、眼睛、耳饰、项链、手镯、护膝都有黑色沥青镶嵌物，与器表的奶白色形成强烈对比，整体显得简约又美观，大气且庄重。莫切陶器镶嵌装饰技法的妙用在这件陶瓶上得到完美体现。

（六）彩绘

彩绘是在陶器上描绘各种纹饰和图案的装饰技法。莫切陶工擅长在人物造型陶器上绘头发、纹身和服饰纹样等，在场景造型陶器上描绘几何形纹样，在几何造型陶器上描绘出情景画面。如莫切猎鹿纹马镫口陶瓶（图 2.69）[2] 是一件描绘情景画面的陶器，高 30 厘米。这件马镫口陶瓶，胎色淡红，胎上施淡黄色陶衣，陶衣上绘褐彩。瓶体上描绘了树木繁盛的森

图 2.69 莫切猎鹿纹马镫口陶瓶

1　此图由秘鲁拉斯哈卡斯神殿群博物馆提供，图中的文物为湖南省博物馆"秘鲁古代文明展——探寻印加帝国的源流"展品。

2　此图由秘鲁国家考古学人类学历史学博物馆提供，图中的文物为湖南省博物馆"秘鲁古代文明展——探寻印加帝国的源流"展品。

林，有鹿群出没其间，雄鹿紧随雌鹿，步入埋伏的网中。莫切陶工笔下的鹿纹生动写实，雌鹿无角，雄鹿的角大且分枝，雌鹿纯色皮毛，雄鹿身上有梅花斑点。这是一幅莫切丛林的景象，生动再现了莫切人猎鹿的场景。

莫切彩陶上纹饰有两大类：辅助纹饰和主体纹饰。

辅助纹饰，多为几何纹样，用于陶器边饰和局部修饰。几何纹样一般用褐彩描绘。莫切陶器常用的几何纹样有方格纹、菱格纹、十字纹、水波纹、阶梯纹、圆点纹、锯齿纹、回纹、三角纹、弦纹、海浪纹和条纹等。服饰上的纹样有方格纹、菱格纹、圆点纹、十字纹和阶梯纹等。被褥上的纹样通常有方格纹、菱格纹、十字纹和S纹等。人物脸上的彩饰几乎都是宽窄长短不一的条纹。几何造型陶器的边饰有弦纹、圈点纹、回纹、三角纹、波浪纹和锯齿纹等。

几何纹样通过不同组合而产生丰富变化。组合纹样多以连续式排列装饰陶器。莫切陶器上的连续式几何纹样大部分是从莫切纺织品纹样中借鉴而来的。在秘鲁出土的莫切纺织品上有大量几何纹样。陶器上描绘的头巾、衣服、腰带、褓褓和被毯等纺织品全用几何纹装饰，这是对现实生活中使用纺织品的真实描绘。

莫切彩陶的主体纹饰多为有具体情景或情节的画面。这些画面由人物、动物和植物等纹饰构成，展现莫切人生产、生活、祭祀和战争等多方面题材，有祭祀山神、祭祀水神、神怪大战、莫切武士搏斗（图2.70）[1]、武士奔跑、狩猎、弋射、捕鱼、猎鹿、猎海狮、行舟、出海和纺织等。

人物纹有神人、巫师、武士和奴隶等。莫切神最突出特征是长有两对獠牙。一对内侧獠牙往上长，即牙尖朝上；一对外侧獠牙向下长，即牙尖朝下。这是莫切陶器神人纹对查文陶器神人纹的继承。莫切神人戴帽，帽上有各式冠，佩美洲虎头形耳饰，系双头蛇腰带。莫切巫师穿着华丽，头戴帽，帽上有冠，衣服以圆形金片为饰。有的巫师背上有翅膀装饰，有的巫师手持杜米刀[2]，有的巫师手握高足杯。莫切武士最大的特征是手持棍棒和盾牌，全副武装，盔帽式

1　此图由赵鸥博士提供。
2　杜米刀是南美洲印第安人使用的一种工具，是祭祀时取血和宰杀牺牲的刀具和作战时的兵器。

图2.70 莫切武士搏斗图

样尤多。莫切奴隶和战俘的突出特点是赤身裸体。有的奴隶颈部和手部被绳子捆绑，有的战俘头发、脖子和手脚被绳绑住，有的奴隶和战俘由武士或巫师用绳牵着。

动物纹有鹿、蛇、蜥蜴、狗、猴、蝴蝶、蜗牛、鸮、海鸟、火烈鸟等。

植物纹有玉米、阿拉豆、仙人掌、树、藤蔓、南瓜、木薯等。

（七）多技法综合运用

通常情况下，以上装饰手法并非单独使用，而是综合运用在同一器物上，表现力极强。下面通过数件莫切陶塑容器解析莫切陶工是如何运用各种技法装饰陶器的。

a

莫切船形马镫口陶瓶（图 2.71a）[1] 是一件综合运用多种装饰工艺的典范之作，高 30 厘米，整体造型为一艘大型金枪鱼形的芦苇船。芦苇船为模制成型。船上坐着一个莫切巫师，双手持船桨，划着载有贡品的船。贡品为两个赤裸的男性俘虏，他们被捆绑在船两端。一个侍从正端着一

b

图 2.71 莫切船形马镫口陶瓶及其细部

1　此图由秘鲁中央银行附属博物馆提供，图中的文物为湖南省博物馆"秘鲁古代文明展——探寻印加帝国的源流"展品。

个盆，走向巫师身后的俘虏（图 2.71b）[1]。这个俘虏的颈部被插管用于取血，以祭拜神灵。这个场景上的人与物件均为堆塑而成。捆绑俘虏的绳子、金枪鱼的锯齿状尾巴、神的手指等采用刻花工艺。巫师腰带两端的蛇头为浅浮雕技法而成。巫师身下的渔网和金枪鱼的腮、眼睛、鳞片则是用棕红色颜料绘成的。

莫切神人搏斗场景马镫口陶瓶（图 2.72）[2] 是一件集浅浮雕、堆塑、刻花和彩绘技法于一身的陶瓶，高 23.6 厘米，圆形瓶体上塑造了斩首神与蟹神对峙的场景。斩首神和蟹神的身体是浅浮雕而成的。蟹壳上的浮雕最为传神，其上有蟹神的眼睛、鼻子、嘴巴和大獠牙。两神的头部堆塑而成。斩首神半圆形冠上的光芒射线、美洲虎头形耳饰和圆形项链是刻画而成的。并用棕红色颜料在瓶体上描绘了一幅人形神、兽形神和神鸟渔猎的画面。

图 2.72 莫切神人搏斗场景马镫口陶瓶

莫切拜谒场景马镫口陶瓶（图 2.73）[3] 是一件集镶嵌、刻花、浅浮雕和堆塑等装饰技法于一体的陶瓶。这件华丽的黑陶容器，高 27.2 厘米，其上塑造了莫切武士拜谒将领的场景。将领端坐在高台上，全副武装，头戴盔帽，帽后饰钺形冠，戴耳饰和项饰，身穿盔甲，右手握圆锥头棍棒，左手持方形盾，右脚旁置梭镖三根，左脚旁放梭镖投射器，头微上扬，显得高贵庄严。武士头戴尖

1　此图由陈锐拍摄，图中的文物为湖南省博物馆"秘鲁古代文明展——探寻印加帝国的源流"展品，秘鲁中央银行附属博物馆藏品。

2　中国国家博物馆编：《失落的经典：印加人及其祖先珍宝精粹》，第 139 页，中国社会科学出版社，2006 年。

3　此图由秘鲁拉斯哈卡斯神殿群博物馆提供，图中的文物为湖南省博物馆"秘鲁古代文明展——探寻印加帝国的源流"展品。

顶帽，左手持圆形盾牌，踞坐在将领前，屈身向前，作恭敬姿态。武士和将领身上镶嵌绿松石、贝壳和沥青。沥青点缀眼珠和眼眶，贝壳装饰眼白、耳珠、盾牌和衣服，绿松石彰显将领衣服的华丽和将领盾牌的高级。梭镖投射器为浅浮雕而成。钺形冠上刻 V 形纹饰。从两者的服饰、装备，举止、神态和身高体形上可以辨认出两者身份地位悬殊。莫切陶工用人物个头高矮来表达地位贵贱之别。秘鲁陶器上的陶塑和彩绘在表现主要人物时，会将其放在视觉中心位置，并放大其身形。

图 2.73 莫切拜谒场景马镫口陶瓶

莫切鸭子武士形马镫口陶瓶（图 2.74）[1] 是一件集堆塑、镶嵌和刻花技法为一体的莫切陶器佳作，高 22.5 厘米，在半球形瓶体上堆塑了一只黑鸭，鸭羽等细节部分是刻画而成的，眼睛、面颊、张开的羽翼和盾牌上都镶嵌了贝壳。莫切神人格斗场景马镫口陶瓶（图 2.75）[2] 也是一件融合堆塑、镶嵌和刻花装饰工艺的陶塑容器，高 27.7 厘米，斩首神和蟹神采用堆塑技法，身体上镶嵌细小绿松石，细部则为刻画而成。

莫切祭祀场景马镫口陶瓶（图 2.76）[3] 是一件运用堆塑和彩绘装饰技法的陶瓶，高 24.5 厘米，球腹上端堆塑了一个呈坐姿的人，瓶身上用赭彩描绘了两个陶碗和一个 A 型 VI 式马镫口陶瓶。碗内盛满食物，瓶内应盛有酒，表现了莫切人祭祀祖先的场景。

莫切武士棒击海狮场景马镫口陶瓶（图 2.77）[4] 是一件综合运用堆塑、浅浮雕、彩绘和刻花技法的陶塑容器。武士头部和海狮是用堆塑技法堆贴在圆形球腹上的。武士身体和棍棒采用浅浮雕技法。武士的面部及头巾、海狮的面部及鳍足采用刻花技法。此外，瓶身彩绘众武士踏浪棒击海狮群，海狮被打得直吐卵石。

1　此图由秘鲁拉斯哈卡斯神殿群博物馆提供，图中的文物为湖南省博物馆"秘鲁古代文明展——探寻印加帝国的源流"展品。
2　此图由秘鲁利马博物馆提供，图中的文物为湖南省博物馆"秘鲁古代文明展——探寻印加帝国的源流"展品。
3　中国国家博物馆编：《失落的经典：印加人及其祖先珍宝精粹》，第 140 页，中国社会科学出版社，2006 年。
4　（美）戴尔·布朗主编，陈雪松译：《安第斯之谜：寻找黄金国》，第 134—135 页，广西人民出版社，2002 年。

图 2.75 莫切神人格斗场景马镫口陶瓶

图 2.74 莫切鸭子武士形马镫口陶瓶

图 2.76 莫切祭祀场景马镫口陶瓶

图 2.77 莫切武士棒击海狮场景马镫口陶瓶

莫切人认为海狮吐出的卵石能治疗疾病。直到今日，安第斯山区的赤脚医生仍在秘鲁用卵石给病人治疗癫痫和心脏病。

四、主要特征及影响

莫切陶工在继承查文陶器的雕刻、库比斯尼克陶器的造型和登布拉德拉陶器的彩绘的基础上，融合这些北部陶器的优点，烧造出独具特色的莫切陶器。

（一）莫切陶器主要特征

莫切陶器的主要特征表现在以下五个方面：

（1）以造型取胜。秘鲁古陶器从形成发展期到繁荣兴盛期，经历两千多年，数莫切陶工造型能力最强，陶器造型最为丰富。各种植物、动物、人物、想象中的生物、人与植物合体神、人与动物合体神、肖像、动物头、骷髅以及表现莫切社会、文化、生产和生活中的各种场景造型是莫切陶器的最大特色和突出亮点（表 2.1）。

表 2.1 各种造型的莫切陶塑容器

植物造型							
动物造型							
神人造型							
人物造型							
肖像造型							
场景造型							

此表中的图片来源于美国大都会艺术博物馆、秘鲁拉斯哈卡斯神殿群博物馆、秘鲁拉鲁克博物馆、秘鲁国家考古学人类学历史学博物馆、秘鲁中央银行附属博物馆和秘鲁布鲁宁国家考古博物馆。

（2）马镫口陶瓶是莫切陶器最具特色的器形。马镫口陶瓶在秘鲁古陶器形成与发展时期已成为秘鲁北部陶器的特色器形。至莫切时期，马镫口陶瓶发展到顶峰，综合了各种装饰工艺，拥有各式造型，体现了莫切陶工精湛的技艺和丰富的想象力。

（3）莫切陶器多平底器和圈足器。这与同时期纳斯卡陶器有着明显差异，纳斯卡陶器绝大部分为圜底器。

（4）综合运用多种装饰工艺围绕同一主题装饰单件陶器是莫切陶器在装饰上最为突出的特征。

（5）绘画上，莫切陶器以线描画见长，画面具有叙事性特征（图 2.78）[1]。单件器物所使用的绘画颜色为 2—3 种。

（二）莫切陶器的影响

随着莫切军事、经济、文化的扩张，莫切陶器对秘鲁北部其他地区陶器产生了广泛影响。加伊纳索文化、雷瓜伊文化与莫切文化处于同一时期，它们之间有着密切联系。加伊纳索陶器和雷瓜伊陶器深受莫切陶器影响。卡哈马卡地处安第斯山区北部，卡哈马卡陶器在一定程度上也受到了莫切陶器影响。

图 2.78 莫切陶器上的绘画

1　图片来源于美国大都会艺术博物馆和秘鲁拉斯哈卡斯神殿群博物馆。

1. 加伊纳索陶器

加伊纳索与莫切一度有着共同领地和居住地，交流频繁，制作的陶器有相似之处。加伊纳索陶器与莫切陶器的陶土质地和颜色相似，陶器胎色多为红色。不同的是莫切陶器常施加黄色陶衣，而加伊纳索陶器则是抛光胎体。两者都注重装饰，器物造型也相似。两者较为明显的区别在于加伊纳索陶器用彩不多，更为朴素。与莫切相比，加伊纳索艺术风格也较简洁。加伊纳索双室连体发声陶瓶（图 2.79a）[1] 是一件典型的加伊纳索人形陶器，高 23.2 厘米，红胎，器表抛光。这件双室连体的人形陶容器塑造了一位吹排箫的乐者，他头戴小圆帽，左手持五管排箫，将排箫靠在嘴边，脸颊微鼓，表情肃然。乐者头部的正上方和颈部开数个圆形小孔，脑后开两个长条形孔。这些孔都是发声的气孔。若在瓶里盛入半瓶水，前后左右摇晃瓶体，并按住不同的小孔，陶瓶便发出各种声音。声音或高亢婉转，或低沉稳重，或幽咽悲戚，或清亮动人。莫切也有这种双室连体发声陶瓶，瓶上施彩，造型有人形、鸟形（图 2.79b）[2] 等。这种发声陶瓶设计巧妙，多用于宗教仪式。

2. 雷瓜伊陶器

雷瓜伊北部与莫切南面相接。雷瓜伊在建筑石刻方面继承了查文传统，但不

图 2.79 双室连体发声陶瓶
a 加伊纳索人形发声陶瓶 b 莫切鸟形发声陶瓶

---

1   此图由秘鲁国家考古学人类学历史学博物馆提供，图中的文物为湖南省博物馆"秘鲁古代文明展——探寻印加帝国的源流"展品。
2   美国大都会艺术博物馆官网上该文物网址：https://www.metmuseum.org/art/collection/search/308524。

图 2.80 雷瓜伊院落住宅造型陶罐

图 2.81 雷瓜伊祭拜祖先场景陶容器

及查文石刻的表现力和震撼力。雷瓜伊陶器线条柔和,多采用圆雕技法,以建筑、祭祀等场景造型见长。院落住宅造型陶罐(图 2.80)[1] 是典型的雷瓜伊陶器,高20.2 厘米,瓶体造型为一座两层楼住宅建筑,内含庭院和家庭成员。我国也出土了不少陶塑建筑模型,不同的是我国的仅是建筑模型,而秘鲁的既是建筑模型,也是陶容器。

用色上,雷瓜伊陶器以浅黄、黑褐和棕红三色为主。这也是莫切陶器上常见的三主色。不同的是雷瓜伊陶器尤为偏爱浅黄,以浅黄为主色调。雷瓜伊陶器绘画多以浅黄色为地色,且画面没有莫切的繁缛,而是大面积留白。如雷瓜伊祭拜祖先场景陶容器(图 2.81)[2],高20.5 厘米,为浅黄地上描绘棕红和黑褐条状与块状花纹。这件陶容器塑造了祭拜祖先的场景。中间最大人物佩戴精致兽形头饰以及圆形耳饰,带花纹的服饰为彩绘而成,他左手拿棒,右手举杯。周围较小人物具有相同的外观和颜色,手中举杯面向大人物,表现了雷瓜伊祭祀祖先的场面。

器形上,雷瓜伊陶器与莫切陶器一样,塑造了许多武士形陶容器。如秘

---

1 此图由秘鲁中央银行附属博物馆提供,图中的文物为湖南省博物馆"秘鲁古代文明展——探寻印加帝国的源流"展品。
2 同上。

鲁国家考古学人类学历史学博物馆藏的武
士形陶瓶（图 2.82）[1]，便是雷瓜伊陶容
器中的一件精品，高 25 厘米，以浅黄为
主色，辅以棕红和黑褐色线条装饰。武士
头戴帽，左手握方形盾牌，右手持矛，表
情呆萌。

3. 卡哈马卡陶器

卡哈马卡位于秘鲁北部安第斯山区。
卡哈马卡陶器很有特色，色泽鲜艳，多采
用红、黑双色装饰陶器。卡哈马卡陶器上的

图 2.82 雷瓜伊武士形陶瓶

红色鲜亮，黑色纯净，双色交替使用。陶器装饰纹样以几何纹为主，兼有植
物纹。其画面采用线描手法，单件器物用色不超过 3 种，这是受到了莫切陶
器绘画的影响。如几何纹三足陶盘（图 2.83）[2]是卡哈马卡陶器的典型器，
高 16.7 厘米，敞口，腹部斜收，腹部两侧有动物形小系为捉手，盘底承以三足。
盘内外壁满绘几何纹饰，色彩艳丽。

莫切陶器以造型取胜，对同时期秘鲁北部和
中部的海滨以及山区的陶器有不同程度的影响。
其造型丰富，不仅有对莫切社会生活、生产、
宗教、仪式和建筑等方面的塑造，而且有对各
种人物、动物和植物的塑形，具有很高的历史、
文化和艺术价值。莫切陶器上的绘画有强烈的
叙事性特征，大量描绘莫切贵族阶层的祭祀、
战斗、打猎、奔跑等画面。莫切陶器上的绘画
对研究莫切社会生活有重要价值。

图 2.83 卡哈马卡几何纹三足陶盘

1 　此图由秘鲁国家考古学人类学历史学博物馆提供，图中的文物为湖南省博物馆"秘鲁古代文明展——
探寻印加帝国的源流"展品。
2 　中国国家博物馆编：《失落的经典：印加人及其祖先珍宝精粹》，第 172 页，中国社会科学出版社，2006 年。

综上所述，纳斯卡陶器与莫切陶器是秘鲁陶器繁荣与兴盛期南北方陶器的典型代表。这一时期，南北方陶器蓬勃发展，各有所长。纳斯卡陶器纹饰色彩异常丰富，多为图像表达。纹饰有人物、首级、虎鲸、猴、蜥蜴、山鹰、燕子、雀鸟、蜂鸟、昆虫以及多种动物与人相结合的神。莫切陶器上的画面则更具有场景性和情节性，有武士搏斗图、神人搏斗图、猎鹿图、猎海狮图、捕鱼图、祭祀图等。造型上，纳斯卡陶器多几何体器身，而莫切陶器器身造型极其丰富，有动植物、超自然生物、工匠、贵族、武士、肖像、战俘、奴隶、病人、骷髅、夫妻生活、分娩哺育、战斗场景、出海行船、海祭、山祭、祭祖、酿酒、冶金、治病、行刑、建筑等，极具特色。

秘鲁陶器的融合与停滞

公元 7 世纪，莫切和纳斯卡两大政体相继衰落。瓦里人从秘鲁南部安第斯山区崛起，渐而统一秘鲁西部海岸、山谷和中部山区等地，建立了瓦里帝国。秘鲁古陶器随着瓦里帝国的建立而进入南北陶器相互融合的时期。为适应帝国用器需要，瓦里陶工在制作和烧造器形硕大的陶器上取得了技术进步并大量生产。

由于瓦里帝国对秘鲁北部的兰巴耶克河谷及海滨地带的控制力较弱，西坎王国于公元 8 世纪中叶于此建立。西坎陶器继承了莫切陶器风格。瓦里帝国在公元 11 世纪彻底瓦解，秘鲁大地上诞生了昌凯、契穆和钦查等王国。公元 11 世纪至 15 世纪是秘鲁历史上的列国时期，各王国陶器各具特色。

第一节　瓦里帝国陶器融合发展

公元 6 至 7 世纪，连续发生严重的厄尔尼诺现象，秘鲁南部地区持续无雨，干旱加剧。[1] 干旱愈演愈烈，各地区为争夺有限资源兵戎相见，加之社会内部矛盾突出，导致秘鲁北部的莫切和南部的纳斯卡两大政体日渐衰落。

正是在这样的自然环境和历史背景下，瓦里民族在安第斯山区南部的阿亚库乔迅速崛起。瓦里特别注重农业生产，在山谷里修建了复杂的灌溉网络，水渠将原本不相通的条条河谷连接起来，为干旱的土地注入了生机和活力。荒漠经人工灌溉成为农业生产基地。与此同时，瓦里大力发展纺织业和制陶业。农业和手工业的发展为瓦里南征北战提供了物质基础和坚实保障。

1　Markus Reindel, Johny Isla：《纳斯卡文化传统的发展及其对安第斯文明的长远意义》，《安第斯文明特展：探寻印加帝国的起源》，第 267 页，文物出版社，2019 年。

公元 6 世纪，瓦里军队开始征服阿亚库乔周围的村镇。公元 7 世纪，瓦里不断扩大领土范围。公元 8 世纪中期，瓦里控制了秘鲁南北部海岸和高地，建立了一个北到兰巴耶克和卡哈马卡、南达库斯科和阿雷基帕的辽阔帝国。此时能与瓦里帝国相抗衡的唯有以的的喀喀湖为中心的迪亚瓦纳科王国。迪亚瓦纳科统治的大部分区域不在秘鲁，而在与秘鲁接壤的玻利维亚和智利，故迪亚瓦纳科陶器不在本书研究范围内。公元 11 世纪，几乎所有的瓦里城市都被废弃，帝国灭亡。

瓦里帝国大力推广城镇化进程，最为杰出的贡献是城市及其道路建设。瓦里人重新规划了城市布局，取代以祭祀为中心的布局。以首都瓦里为例，该城占地面积达 1.2 平方千米，拥有几千户人家；城中分布的一层、二层和三层建筑都围以大小不一的护栏；城外围用泥石砌筑高大的城墙护卫城市。从卡哈马卡到库斯科都留存有瓦里式的居住中心和行政中心遗址。此外，瓦里还对莫切城市进行改造，让其成为瓦里式的城市布局。

为了有效地加强对疆域内各民族的统治，确保商品交换渠道的畅通，瓦里人修建了密集的道路网络，将各个城镇连接起来。道路网络上还建立了大型储备仓库，并使用结绳记事的方法来管理这些仓库。瓦里帝国的道路、制度和信仰为印加帝国的统一和发展奠定了基础。

在手工业方面，瓦里取得的突出成就主要表现在彩陶和纺织品上。在陶器制作和装饰上，瓦里帝国选择性地继承了莫切和纳斯卡制陶技术：承袭了莫切的模制法，吸收了纳斯卡陶器的用彩和装饰工艺。由于瓦里帝国对北部的莫切河谷和兰巴耶克河谷的陶器生产干预少，秘鲁北端的陶器依然保留了莫切陶器风格。

一、胎、彩

瓦里陶器胎体较厚。胎多为红胎，红色呈多种色阶，有深红、棕红、橘红和浅红。

瓦里陶器常见的彩有黄、红、黑、紫、灰和白等色。其中黄彩和红彩是瓦里彩陶最有特色的色彩。黄彩有米黄色和杏黄色，红彩有深红色和橘红色等。黄彩、红彩、白彩和黑彩搭配使用，紫色和深灰亦组合使用。然而，瓦里陶器施彩颜色不及纳斯卡陶器丰富。

瓦里彩陶上彩的方法与纳斯卡彩陶相似。彩料是以色块的形式涂抹的，再用黑彩描边框作轮廓。瓦里彩陶涂抹的色块没有纳斯卡彩陶的色块大，勾边黑线未及纳斯卡彩陶流畅灵动，常见断线续描和线条歪斜的笔触。

二、器形

瓦里陶器主要器形有碗、杯、壶、瓶、罐、瓮和缸等。其中大瓮、大平底杯和大件动物形陶容器最具特色。瓦里陶器在造型上不及纳斯卡陶器和莫切陶器丰富。但是，瓦里陶器器形硕大，在数量和质量上远超前瓦里帝国时期的陶器，这是秘鲁古陶器发展到瓦里帝国时的一大进步。瓦里帝国对大件祭器、礼器和实用陶器需求量大，加之瓦里帝国有砸碎祭器就地掩埋的习俗，促进了瓦里大型陶器的大量生产。

（一）大口陶瓮

瓦里有一种大口陶瓮，也称大陶缸，器形硕大，口径在 70 厘米到 80 厘米左右，高 55 厘米到 65 厘米不等。瓦里神人纹大口陶瓮（图 3.1）[1] 是瓦里陶器典型器，高 62.2 厘米，口径 79.4 厘米，红胎，大敞口，宽唇，深腹，腹中部安两个半环形大耳，腹部从上至下渐收，平底。大缸的内外满工绘画：口沿上绘有编织纹装饰带；外壁正面绘瓦里男性神立像，两耳侧面绘瓦里女性神头部；内壁绘男性神和女性神的立像两组。这种大口陶瓮用来盛玉米酒，是丰产丰收祭祀仪式上的重要礼器。

图 3.1 瓦里神人纹大口陶瓮

1　此图由秘鲁国家考古学人类学历史学博物馆提供，图中的文物为湖南省博物馆"秘鲁古代文明展——探寻印加帝国的源流"展品。

（二）大平底陶杯

瓦里陶器里有一种体量硕大的陶杯，大敞口，深腹，大平底。这种陶杯具有鲜明的瓦里特色，尺寸很大，装饰美观，如瓦里神面纹大平底陶杯（图3.2）[1]，高60厘米，口径53.5厘米。这件大陶杯胎体呈红色，杯正中塑造一个凸起的瓦里男性神面部。外壁满绘纹饰：口沿下黑彩为地色，其上绘农作物植株，植株上挂果实，有玉米、豆子等；往下绘红色回纹一周；然后是瓦里男性神面部和几何纹。敞口大平底陶杯是专门盛放玉米酒、用以祀神的器皿。

图 3.2 瓦里神面纹大平底陶杯

（三）扁壶

扁壶是瓦里时期新出现的器形。它是一种小口，细颈，扁圆腹，圜底的陶壶，如瓦里人物纹陶扁壶（图3.3a）[2]，高22厘米，口径3.1厘米，腹径16.7厘米。扁壶器身正面描绘一名上衣下裙的瓦里贵族，他戴着菱格纹的平顶圆帽，帽后垂下长流苏，象征辫子（图3.3b）[3]，相似的瓦里圆帽有实物（图3.4）[4]出土。

| a | b |

图 3.3 瓦里人物纹陶扁壶　　　　图 3.4 瓦里几何纹驼毛圆帽

1　此图由秘鲁国家考古学人类学历史学博物馆提供，图中的文物为湖南省博物馆"秘鲁古代文明展——探寻印加帝国的源流"展品。

2　同上。

3　此图由陈锐拍摄，图中的文物为湖南省博物馆"秘鲁古代文明展——探寻印加帝国的源流"展品，秘鲁国家考古学人类学历史学博物馆藏品。

4　中国国家博物馆编:《失落的经典: 印加人及其祖先珍宝精粹》，第196页，中国社会科学出版社，2006年。

在秘鲁中北部海岸著名的华尔美城堡贵族墓葬中出土了不少瓦里扁壶，且成对出土。这种扁壶是瓦里贵族在祭祀仪式上的酒器。

（四）人形陶罐

瓦里人形陶罐与莫切和纳斯卡塑造的写实人形陶容器不同，而是一种罐体与罐上所绘纹饰相结合的写意人形陶罐。如瓦里人形陶罐（图 3.5）[1]，高 49.7 厘米，直口，短颈，罐身由两部分组成，上部为人头形，下部为广肩、鼓腹、平底，腹部最宽处安对称竖系。整个罐体被描绘成一个大眼睛、高鼻梁、薄嘴唇的瓦里人。此罐红胎上施以淡黄、深红、棕红、黑色的彩饰。罐身上雕刻人手，但不表现双脚，这是瓦里人形陶罐的特色。

图 3.5　瓦里人形陶罐

（五）人首形陶杯

瓦里有一种人首形陶杯是瓦里贵族在祭酒盟誓时使用的彩陶杯，如人首形陶杯（图 3.6）[2]，高 18 厘米，红胎，造型为一名瓦里男性贵族肖像。男子头戴美洲豹头形帽，黑发、佩戴鼻环、蓄八字胡，脸上饰彩，左脸为手掌纹，右脸为几何纹。不难发现，这种人首形陶杯受莫切肖像形陶瓶造型影响，帽饰受莫切贵族美洲虎头形帽影响。瓦里的邻国迪亚瓦纳科也制作了类似的人首形陶杯。

图 3.6　瓦里人首形陶杯

（六）动物形陶容器

羊驼是印第安人生活中不可或缺的动物。瓦里陶工善于仿羊驼形象，制成各种陶器，如瓦里羊驼形陶尊（图 3.7）[3]，器形硕大，高 67 厘米，长 54 厘米，整体造型为呈站立姿势的羊驼。陶羊驼，头小体壮，腿长、颈长、尾短、背上置

1　此图由秘鲁国家考古学人类学历史学博物馆提供，图中的文物为湖南省博物馆"秘鲁古代文明展——探寻印加帝国的源流"展品。
2　同上。
3　同上。

圆管作为容器的口部，眼睛漆黑，双耳竖起，耳内侧、鼻子、嘴巴和腹部涂以淡黄彩，蹄饰黑彩。其造形生动形象，与安第斯山区大羊驼的形态、神态和皮毛色泽高度一致，充分展现了瓦里陶工对大件陶容器的塑型能力和瓦里仿生陶器的写实风格。瓦里除了站立的羊驼形陶器外，还有卧羊驼形以及羊驼首形陶器等，尺寸不一，大者高达 70 厘米，小的不到 20 厘米。此外，美洲虎形陶瓶（图 3.8）[1]、犬形陶瓶（图 3.9）[2] 和猴形陶瓶（图 3.10）[3] 都是瓦里帝国时期流行的动物形陶容器。

图 3.7　瓦里羊驼形陶尊

图 3.8　瓦里美洲虎形陶瓶

图 3.9　瓦里犬形陶瓶

图 3.10　瓦里猴形陶瓶

　　瓦里陶工亦将海洋生物塑造成陶塑容器。如瓦里龙虾形陶容器（图 3.11）[4]，高 13.9 厘米，长 18.5 厘米，器体为龙虾形，虾背上有一小圆管为器口，圈底。这是一只人格化的大龙虾，眼眶似人眼，眼珠暴出似虾眼。陶龙虾有一对钳子，虾尾向下，通体红色，红地上绘有黑色章鱼纹。大龙虾的原产地在中、南美洲和墨西哥东北部，其体形较大，呈圆筒状，大多为红色。可见，瓦里陶工塑造的龙虾是秘鲁海域常见的龙虾。

1　美国大都会艺术博物馆官网上该文物网址：https://www.metmuseum.org/art/collection/search/317793。
2　美国大都会艺术博物馆官网上该文物网址：https://www.metmuseum.org/art/collection/search/316177。
3　美国大都会艺术博物馆官网上该文物网址：https://www.metmuseum.org/art/collection/search/316176。
4　中国国家博物馆编：《失落的经典：印加人及其祖先珍宝精粹》，第 185 页，中国社会科学出版社，2006 年。

（七）发声陶瓶

瓦里陶工继承了莫切和加伊纳索发声陶瓶的
制作工艺，生产了具有瓦里风格的发声陶瓶。瓦
里美洲豹形发声陶瓶（图 3.12）[1] 是其典型器，高
11.1 厘米，长 15.2 厘米，瓶体呈卧姿美洲豹造型，
头顶和颈后有发声圆孔，杏黄色地子上绘斑点豹

图 3.11 瓦里龙虾形陶容器

纹。美洲豹张嘴露齿，两排整齐的方形白牙中有四颗三角形獠牙，为瓦里獠牙
风格。另一件双室连体发声陶瓶（图 3.13）[2] 亦极具瓦里特色，高 14.3 厘米，长
23.7 厘米，瓶体为双室造型，双室以圆管相通，一室略呈圆体，另一室为阶梯状，
阶梯上塑造了一位头戴四角帽、手捧海贝、端坐着的瓦里贵族。人物的帽子、
面颊上有大小不同的圆孔与瓶体相通，它们都是发声气孔。在瓶体内盛一些液体，
晃动瓶体，按住不同气孔，可发出各种声音。

图 3.12 瓦里美洲豹形发声陶瓶

图 3.13 瓦里双室连体发声陶瓶

1　美国大都会艺术博物馆官网上该文物网址：https://www.metmuseum.org/art/collection/search/503542。

2　美国大都会艺术博物馆官网上该文物网址：https://www.metmuseum.org/art/collection/search/309503。

三、纹饰

瓦里陶器纹饰较为丰富，虽不及秘鲁古代陶器繁荣与兴盛时期的纳斯卡陶器和莫切陶器，但有其自身特色。对瓦里陶器特有纹饰进行研究有助于更好地识别瓦里彩陶和理解瓦里文化。

（一）编织纹

瓦里彩陶上有一种专门作为辅助纹饰使用的纹饰，它为连续箭头，箭头一律朝同一方向，类似我国的竹编纹。瓦里的纺织和编织技艺高超，这种箭头纹饰应是仿自编织物中的编织纹样，故将其命名为编织纹。有的编织纹上下各加一道弦纹，组合成编织纹带。

编织纹在瓦里陶瓶的瓶颈、陶瓮的宽口沿、陶器近底部的装饰带以及将主纹分区的间隔带上常见。如瓦里钟形陶瓶（图3.14）[1]的颈部和下腹部描绘了一周编织纹装饰带。颈部编织纹装饰带用黑线绘制，箭头宽窄不等。下腹部编织纹带中的箭头为宽箭头和单箭头交替描绘的二方连续式，宽箭头内填以淡黄色和深灰色，两色交替涂描。编织纹装饰带在瓦里彩陶上常见，是瓦里彩陶的特色纹样。

图3.14 瓦里钟形陶瓶

（二）玉米纹

瓦里彩陶上常绘有玉米纹（图3.15）[2]，皆为写实风格。瓦里人用玉米酿造玉米酒，用来祭祀神灵、部落间盟誓和日常饮用。在盛放玉米酒的大瓮、罐和杯上常见玉米纹。

1　中国国家博物馆编：《失落的经典：印加人及其祖先珍宝精粹》，第182页，中国社会科学出版社，2006年。
2　此图由陈锐拍摄，图中的文物为湖南省博物馆"秘鲁古代文明展——探寻印加帝国的源流"展品，秘鲁国家考古学人类学历史学博物馆藏品。

图 3.15 瓦里陶器上的玉米纹

a

b

图 3.16 瓦里鹰首纹陶杯

（三）动物纹

猛禽是瓦里陶器上常见纹样，具有抽象化和程式化特点。如瓦里鹰首纹陶杯（图 3.16a）[1]，外壁上所绘猛禽头部与另一件瓦里鹰首纹陶杯（图 3.16b）[2] 上描绘的猛禽头部如出一辙。瓦里神人的头上有鹰首头发，瓦里女神的权杖有鹰头装饰。这表明鹰首与瓦里神人存在图像上和文化意义上的关联，鹰是神人的使者。

瓦里陶器描绘的其他动物纹也具有抽象特征。如瓦里章鱼纹陶罐（图 3.17）[3]，外壁编织纹带开光内描绘了四只章鱼纹。章鱼头部和眼睛描绘在图像中间，四边伸出八个触须，其上描绘圈点纹用来表示章鱼的腕足。章鱼是软体动物，能改变形状、运动和行为方式，利用灵活的腕足在礁岩、石缝及海床间爬行。有的瓦里陶器上的动物纹抽象到难以辨认，如瓦里动物纹陶罐（图 3.18）[4] 腹部所绘爬行动物纹，其头部、四肢和尾巴的主体部分用黄色涂绘，身体、毛发和头饰均由不同的几何形构成。依据该动物的形态推断，可能是美洲虎纹。又如瓦里动物纹双耳陶瓶（图 3.19）[5] 腹部描绘的动物纹，头似蜥蜴，足似多足虫，高度抽象，难以识认。

1　中国国家博物馆编：《失落的经典：印加人及其祖先珍宝精粹》，第 190 页，中国社会科学出版社，2006 年。
2　美国大都会艺术博物馆官网上该文物网址：https://www.metmuseum.org/art/collection/search/312607。
3　中国国家博物馆编：《失落的经典：印加人及其祖先珍宝精粹》，第 190 页，中国社会科学出版社，2006 年。
4　中国国家博物馆编：《失落的经典：印加人及其祖先珍宝精粹》，第 191 页，中国社会科学出版社，2006 年。
5　中国国家博物馆编：《失落的经典：印加人及其祖先珍宝精粹》，第 183 页，中国社会科学出版社，2006 年。

图 3.17 瓦里章鱼纹陶罐

图 3.18 瓦里动物纹陶罐

想象中的动物纹也用抽象方式表达。如瓦里动物纹双流提梁陶瓶（图 3.20）[1]，上腹部所绘动物为鹰首豹身，背上长有翅膀。又如瓦里动物纹陶器（图 3.21）[2]上腹部绘蛇身双头怪。它们都是抽象画风。

瓦里陶器上的动物纹有程式化的特色，似马赛克拼图。这种审美与瓦里纺织品有关。纺织品上织出来的动物纹因织机编织原理而呈现出卡通式的美感。如瓦里羊驼纹四角帽（图 3.22）[3]，上有各种不同颜色但形态完全相同的羊驼纹，都极具卡通感。这是因为纹饰在编织之前已在织机上编好了图案编码，再由梭子上下穿梭，在经线中呈现花纹，细看纹饰便是由

图 3.19 瓦里动物纹双耳陶瓶
及纹饰细部

一个个方格组成的。瓦里陶器上所描绘的纹样也具有如此特征，显然是受纺织品纹饰影响的结果。

（四）神人纹

相比瓦里之前秘鲁古陶器上的神人形象，瓦里神人更像人，具有更多人类特

1　Christopher B. Donnan: *Ceramics of Ancient Peru*, Regents of the University of California, 1992, p.82.

2　美国大都会艺术博物馆官网上该文物网址：https://www.metmuseum.org/art/collection/search/312604。

3　美国大都会艺术博物馆官网上该文物网址：https://www.metmuseum.org/art/collection/search/316962。

图 3.20 瓦里动物纹双流提梁陶瓶

图 3.22 瓦里羊驼纹四角帽

图 3.21 瓦里动物纹陶器

征。瓦里陶器绘有瓦里男性神和女性神，且常成对出现（图 3.23）[1]。男性神和女性神都持有权杖，也称权杖神。女性权杖神，脸形方正，双手各持一权杖，权杖两头均有动物头装饰，赤足。眼睛特色鲜明，眼珠一半白，一半黑，眼睛上长有一对飞鸟，飞鸟由两根黑线牵着与下眼睑相连。西坎神人金属面具的眼睛与此类似，装饰有两根金属丝，金属丝上挂着各种珠饰和装饰。由西坎神人面具实物可知，瓦里神人的眼睛下面画的黑线应是金属丝，一端连着眼睛，一端连着飞鸟。瓦里神人的眼睛旁还描绘有小昆虫。神人的鼻子由灰色梯形表现，黑彩勾边。嘴巴呈长方形，内绘三角形獠牙和方形白齿。瓦里神人面部涂抹红色，三条黑线画出面部轮廓，有各种形态的头发，头发末端有鹰首、玉米、羊驼、罐等。身上绘有两排纹饰，上排飞鸟纹，下排玉米纹。男性权杖神与女性权

图 3.23 成对出现的瓦里男性神和女性神

1　此图由陈锐拍摄，图中的文物为湖南省博物馆"秘鲁古代文明展——探寻印加帝国的源流"展品，秘鲁国家考古学人类学历史学博物馆藏品。

杖神的整体形象相似，但肩膀宽阔些，身体更魁梧健硕。男性神方头方脑，头发及其装饰较女性神多。男性神的眼睛下方绘有兽头，腰间系带，带头为鹰首，带下系有三个小袋，类似我国古代贵族腰间的蹀躞带。

瓦里权杖神的形象与著名的迪亚瓦纳科太阳门遗址上雕刻的权杖神形象非常相似。迪亚瓦纳科王国与瓦里帝国之间通过陶器、纺织品和建筑上的图像传播宗教信仰，相互影响与交融。瓦里大陶瓮上描绘的瓦里神人与迪亚瓦纳科太阳门上雕刻的持棍太阳神如出一辙，故瓦里陶器上描绘的神灵也是太阳神。太阳神和农作物描绘在一起，寓意神灵护佑农作物茁壮成长。太阳神信仰随着瓦里帝国的统治传播到秘鲁各地，最终太阳神取代了各地方神灵的地位，成为主神，并被印加帝国所传承与发扬，印加王还自称是太阳之子。

（五）人物纹

瓦里陶器上的人物纹通常是将人首描绘在瓶颈部，人身描绘在瓶腹部，即瓦里人物纹与瓦里陶器融为一体。如瓦里人物纹长颈陶瓶（图 3.24 ）[1]，高 15.5 厘米，瓶口很小，瓶颈细长，圆鼓腹，下腹渐收，平底。瓦里陶工依据瓶体描绘人物形象：瓶的颈部绘人面，头戴高筒帽，浓眉大眼，鼻梁高挺，颧骨凸出；面部上彩妆，鼻和嘴用红彩，眉和眼用黑彩，眼白为白彩，竖条纹面饰用黑彩。鼻子和面颊凸出是陶瓶模制成型的，模具凹下处，脱模时便凸起。瓶腹部描绘强壮身躯和粗壮四肢。身穿中长款套头衫，即一种瓦里特色的长袍，长袍上绘满由几何图案构成的花纹。出土的瓦里纺织品上织有类似纹样，表明陶瓶上的纹饰是对瓦里贵族穿着的真实描绘。瓦里陶工擅长将整个器物作为画布来描绘人物，描绘瓦里贵族形象居多。除长颈瓶外，扁壶和陶罐等器物也以瓦里人物纹为饰。

图 3.24 瓦里人物纹长颈陶瓶

1　中国国家博物馆编：《失落的经典：印加人及其祖先珍宝精粹》，第 184 页，中国社会科学出版社，2006 年。

（六）首级纹

瓦里陶器描绘的首级纹是对纳斯卡陶器纹样的传承，也反映了瓦里帝国对纳斯卡首级祭祀礼仪的吸纳。瓦里人形大陶罐（图3.25）[1]的腹部便绘有瓦里首级纹。这件陶罐，器形硕大，高90厘米，腹径66厘米，腹部最大直径处绘一条白色弦纹。

图3.25 瓦里人形大陶罐

弦纹以上是彩饰，有黄彩、红彩、灰彩、黑彩和白彩。罐的颈部被塑造和描绘成人面，他头戴章鱼纹帽，黑发，大眼，表情肃穆。腹部白色和灰色条纹构成的小方格内描绘侧脸首级纹，三个小方格一组，每组有三个首级纹。瓦里首级纹的头发颜色有红色、白色和深红色，不像纳斯卡首级纹都是黑发。侧脸首级纹的面部都有一条弯扭的斜线条，从鼻梁处一直延伸到腮帮处，这种线条在纳斯卡首级纹中不见。大方格内绘一只奔跑的美洲豹，美洲豹的前爪似人手，手中持着与首

级相连的一条脊椎骨，首级正脸绘在美洲虎的上方。每个首级都是圆眼睛，大嘴巴，露惊恐状。从瓦里首级纹与纳斯卡首级纹在细节上的不同，可知瓦里首级纹在传承纳斯卡首级纹的同时亦具自身特点。

四、主要特征及影响

瓦里陶器在吸收秘鲁各地制陶技艺的基础上，对各地区陶器制作和装饰等工艺加以融合，主要表现在三个方面。

其一，器形上，瓦里陶瓶综合了南北方陶瓶的特征。陶瓶提梁采用秘鲁南部

1　中国国家博物馆编：《失落的经典：印加人及其祖先珍宝精粹》，第186页，中国社会科学出版社，2006年。

陶瓶的双流提梁或单流提梁，而没有采用较复杂的北部陶瓶上的马镫口提梁。陶瓶底部则是吸收了北部陶器常见的平底，而极少用南部陶器的圜底。

其二，装饰上，瓦里陶器吸收了纳斯卡彩陶的用色和莫切陶器的造型。瓦里人首形陶杯是纳斯卡陶器多彩装饰与莫切陶器肖像造型相结合的典范之作。

其三，纹饰上，瓦里陶器选择性地融合了南北方陶器上的纹饰特征。瓦里美洲虎纹和美洲豹纹既有纳斯卡陶器纹饰的卡通艺术效果，又有莫切陶器猫科动物纹的獠牙。瓦里陶器上的纹饰既有纳斯卡陶器上常见的首级纹，又有莫切陶器风格的蛇纹等。

瓦里陶工在传承和融合南北方陶器特色的基础上，不断探索创新，烧造满足自身社会发展需求的、具有瓦里审美风格的陶器，这些瓦里陶器对后世陶器又产生了一定影响，主要表现在以下方面：

（1）器形硕大。瓦里帝国陶器以直径或高度近80厘米的大陶瓮、大陶罐以及动物造型陶尊等最具特色。瓦里烧造的大型陶器，无论在品种上还是数量上都远超之前任何时期。尺寸硕大的陶器在制作和烧造上难度相当大，代表当时陶器最高生产水平，最能体现秘鲁古代陶器发展到瓦里帝国时期在技术上的进步。瓦里生产大型陶器的传统后来被印加帝国继承和发扬。

（2）瓦里陶塑容器的造型需结合器物上的纹饰方能体现。瓦里人形陶罐是这一特征的典型代表。人形陶罐巧妙地将陶罐的口颈部描绘成贵族或神人的头部，再在器身上描绘躯体、四肢和服饰，以此体现器物的人形。

（3）不同种类的纹饰表现出不同的风格。瓦里陶器上的几何纹和动物纹为抽象风格，受纺织品纹样影响，具有卡通式美感。瓦里陶器上的人物纹和植物纹为写实风格。瓦里神人摆脱神秘怪异的形象，没有查文神人的狰狞面貌，也无莫切神人和纳斯卡神人的多种形态，而是更接近人类特征，贴近生活和自然。瓦里男性神腰间系带，女性神的身上绘飞鸟和玉米纹。男性神的眼睛下方绘兽头，女性神的眼睛下方绘飞鸟。神人纹的变化表明人作为社会主体的意识得到觉醒，恰能反映社会的进步。

（4）瓦里彩陶纹饰施彩部位不一。有满绘，有描绘上腹部，有仅绘局部的。陶碗外壁分区施彩，有四等分开光，有两等分开光，开光内绘画。陶罐则情况复杂，有满绘，有上腹部绘画，有通景式构图，有用编织纹带分层绘图等。

（5）器表抛光处理得相当好。瓦里陶器的抛光方法是在含水陶土中添加颜料，再用河卵石等工具逐一抛光。瓦里陶器抛光得最好的产品出自瓦里帝国南部的纳斯卡河谷一带，是对纳斯卡陶器抛光工艺的传承和发展。

综上，瓦里帝国陶器在融合各地陶器特色的基础上根据自身需求不断发展，对印加帝国陶器产生了深远影响。

第二节　列国时期陶器发展停滞

公元 11 世纪，瓦里统治者忽略了对农业的经营，致使许多土地变成荒漠，激化了各种社会矛盾。加上地方力量日渐壮大，与瓦里帝国的对立和冲突不断加剧，最终导致瓦里政权土崩瓦解，帝国灭亡。

地方势力分为北部、中部和南部三大区域。其中，秘鲁北部又分南北两区域，北边的西坎王国以兰巴耶克河谷为中心；南边的契穆王国以莫切河谷为中心，都城昌昌。他们既是邻邦，又是劲敌。公元 1375 年，契穆征服西坎，领土北至厄瓜多尔边境，南达秘鲁中部的利马，成为沿海最强大、最富庶的王国。

秘鲁中部兴起昌凯王国，以利马为首都。

秘鲁南部建立了钦查王国，其统治区域包含了伊卡、纳斯卡和帕拉卡斯等地区。

从公元 11 世纪瓦里帝国分崩离析到公元 15 世纪印加帝国统一安第斯山区和沿海地区的这三四百年间里，秘鲁北部、中部和南部由不同王国统治，所烧造的陶器各有特色。

一、西坎陶器

西坎王国位于秘鲁北部沿海，以兰巴耶克河谷地带为中心。西坎吸取瓦里失败教训，特别重视农业灌溉系统的维护和修缮，并借鉴瓦里的商贸经验，开展大规模贸易往来。

西坎陶器中最有特色的纹饰是西坎神人。西坎神人多戴帽，帽子有莫切式的钺形和扇形帽冠，也有瓦里式的平顶圆筒帽等。西坎神人所佩耳饰，多为莫切式的圆形耳饰或环形项饰。西坎神人的眼睛极富特点，杏圆形眼，眼角上翘，显示出无穷智慧。眼睛下方印有圆圈纹，象征目力千里。西坎神人有一对翅膀，显示了西坎神人的超自然力；若无翅膀，西坎神人与西坎王别无二致。

　　西坎神人形陶瓶是西坎陶器里最具代表性的陶塑容器。其口颈部被塑造成西坎神人形象。瓶体有圆球腹，也有扁圆腹。西坎神人脑后与器腹间安有一个宽曲柄，其上或贴塑西坎神人随从，或安置绚索状曲柄。瓶底为喇叭形高圈足。西坎神人形陶瓶是西坎的祭祀礼仪用器，代表了西坎陶器制作水平。下面通过赏析西坎神人形陶瓶来阐释西坎陶器胎、彩、制作和装饰等方面的特征。西坎神人形陶瓶（图3.26a）[1]，高15厘米，红胎上施一层黄色陶衣，部分陶衣已剥落，陶衣上以褐彩为饰。瓶口颈部饰西坎神人，肩部饰美洲虎，腹部正面模印头戴扇形冠饰的西坎神人，并用褐彩描绘，曲柄上贴塑西坎神人的随从。西坎神人形黑陶瓶（图3.26b）[2]，高17.3厘米，西坎神人头戴精致的扇形头饰，坐在轿辇上。陶瓶的口颈部为西坎神人头部造型，与瓦里人形陶罐口颈部饰以人物头部的装饰手法十分相似，一脉相承。另一件西坎神人形黑陶瓶（图3.26c）[3]，高14厘米，瓶体上塑三个西坎神人首。中间的西坎神人最大，也是瓶的口颈部，两侧的神人较小。西坎神人形灰陶瓶（图3.26d）[4]，高17.4厘米，瓶体上展示了一个呈站立姿态的带翼西坎神人。西坎神人两侧的瓶体肩部贴塑两个随从，宽柄上贴塑另一个随从。西坎神人形红陶瓶（图3.26e）[5]，高21.9厘米，瓶口用金属薄片包裹，包裹部分正是西坎神人的冠，这种筒形冠是典型的西坎金冠（图3.27）[6]。此瓶曲柄是由两条蛇缠绕而成的绚索状曲柄。两个蛇尾连接瓶腹中部，两个蛇头连西坎神人的两侧，西坎神人的前面和两侧都有随从。西坎神人不仅是西坎陶器上的常见造型和主要纹饰，也被广泛地应用到西坎金银器、纺织品和壁画上。

　　在陶器成型工艺方面，西坎大量采用模制成型。西坎的模具较莫切和瓦里的有所不同，西坎采用口、流、颈和器身一体化模具，即整器一次性成型。西坎

1　此图由秘鲁西坎国家博物馆提供，图中的文物为湖南省博物馆"秘鲁古代文明展——探寻印加帝国的源流"展品。

2　同上。

3　同上。

4　同上。

5　同上。

6　美国大都会艺术博物馆官网上该文物网址：https://www.metmuseum.org/art/collection/search/309123。

图 3.26　西坎神人形陶瓶

图 3.27　西坎金冠

图 3.28　西坎双流提梁灰陶瓶

双流提梁灰陶瓶（图 3.28）[1] 就充分体现了西坎陶器整器一体成型的特点。这种
提梁陶瓶的双流向外的倾斜度大，中间安提梁。除提梁外，整个陶瓶，包括双
流以及肩部的螃蟹纹，均为模具一体成型。这种成型的好处是节省工序，提高

---

[1]　此图由秘鲁西坎国家博物馆提供，图中的文物为湖南省博物馆"秘鲁古代文明展——探寻印加帝国
的源流"展品。

图 3.29　西坎鱼形灰陶瓶

图 3.30　西坎双美洲虎形陶瓶

图 3.31　西坎驾芦苇船场景陶瓶

效率，降低成本；不足的是器形和纹饰较为呆板。

西坎陶器常见装饰技法有刻花、贴塑、堆塑和彩绘。下面以几件西坎陶器为例来阐述这些装饰技法。西坎鱼形灰陶瓶（图 3.29）[1]为模制成型，鱼身上刻鱼鳍纹，所刻线条深浅不一，宽窄不匀。鱼头部安一圆管为瓶口和瓶颈，瓶颈与鱼身之间安一宽曲柄，曲柄上贴塑人首和刻画四肢。西坎双美洲虎形陶瓶（图 3.30）[2]是西坎陶器精品，外壁用褐彩绘几何纹和利马豆纹等。西坎驾芦苇船场景陶瓶（图 3.31）[3]展现了西坎人手握船桨划芦苇船的情景。划桨之人为模制而成，再堆塑于船头，通体施褐彩和黑彩，绘弦纹、水波纹和浪花纹等。

总体而言，西坎陶器采用模具一体成型，双流提梁陶瓶、单流曲柄陶瓶和西坎神人陶瓶是西坎主要陶器品种，在西坎陶瓶中不见北部陶器常见的马镫口陶瓶。胎色多为黑色和灰色，也有棕红色。有的陶器施黄色陶衣，再用褐彩或红彩绘画。西坎提梁陶瓶的提梁多为宽曲柄，柄上常贴塑人物、人头和动物。西坎陶器流行喇叭形圈足器。在胎、彩、造型和装饰等方面较莫切和瓦里陶器均无突破，造成这一状况的缘由应与西坎发

1　此图由秘鲁布鲁宁国家考古博物馆提供，图中的文物为湖南省博物馆"秘鲁古代文明展——探寻印加帝国的源流"展品。
2　美国大都会艺术博物馆官网上该文物网址：https://www.metmuseum.org/art/collection/search/310465。
3　美国大都会艺术博物馆官网上该文物网址：https://www.metmuseum.org/art/collection/search/310466。

达的金属器制作和使用有关。西坎贵族们大量使用金杯（图 3.32）[1] 等金属器皿作为祭祀用器。陶器作为祭祀、盟誓时的功用被金器和银器所取代，导致陶器发展进入低谷期。

图 3.32 西坎金杯

二、契穆陶器

公元 12 世纪，西坎开始衰落，对其周边领地的控制力减弱。其南面的契穆不断向北扩展，于 14 世纪灭西坎，成为秘鲁北部沿海最强大的王国。契穆以莫切河谷为政治中心，都城建在莫切河下游的昌昌。昌昌古城是秘鲁古代最为宏伟壮观的建筑奇迹之一，被联合国教科文组织评为世界文化遗产，面积 25 平方千米，拥有 9 座宏伟宫殿。昌昌古城四周环绕着高大城墙，城墙为砖墙，墙面有几何纹、游鱼和海鸟等装饰图案。城内有宫殿、神庙、房屋、街道和水库等。契穆所创造的灿烂文化以莫切为源头，兼收并蓄有瓦里和西坎等文化传统。

黑灰胎、黑色陶衣和器表抛光是契穆陶器的鲜明特点。黑色陶衣被高度抛光，呈现出黑亮光泽。契穆陶器施彩者少。

契穆陶器器形有马镫口陶瓶、单流提梁陶瓶、陶罐和陶碗等。其中马镫口陶瓶最为常见。契穆马镫口陶瓶有两个显著特点：以黑陶为主；提梁的圆管不圆，多为扁弧形，且塑造小动物为饰，提梁上最为常见的小动物是猴子（图 3.33）[2]，有单只的，也有对称的，还有贴塑对鸟的。

契穆陶器的成型工艺以模制成型为主。器身造型主要有几何形（图 3.34a）[3]、动物形（图 3.34b）[4]、植物形（图 3.34c）[5]、人物形（图 3.34d）[6]

1　此图由秘鲁中央银行附属博物馆提供，图中的文物为湖南省博物馆"秘鲁古代文明展——探寻印加帝国的源流"展品。
2　美国大都会艺术博物馆官网上该文物网址：https://www.metmuseum.org/art/collection/search/308523。
3　美国大都会艺术博物馆官网上该文物网址：https://www.metmuseum.org/art/collection/search/318605。
4　美国大都会艺术博物馆官网上该文物网址：https://www.metmuseum.org/art/collection/search/310194。
5　美国大都会艺术博物馆官网上该文物网址：https://www.metmuseum.org/art/collection/search/310484。
6　美国大都会艺术博物馆官网上该文物网址：https://www.metmuseum.org/art/collection/search/314677。

图 3.33 契穆美洲虎形马镫口陶瓶

和场景形（图 3.34e）[1] 等，远不及莫切陶器器身造型丰富和生动。

契穆陶器质朴，少装饰，纹样多为模制而成。如契穆搏斗图马镫口陶瓶（图 3.35）[2] 上带有浅浮雕效果的图案呈现出模具纹样特征：图案呆板，缺少雕刻的顿挫感。

a

b

c

d

e

图 3.34 契穆各种造型陶容器

1　美国大都会艺术博物馆官网上该文物网址：https://www.metmuseum.org/art/collection/search/308414。

2　美国大都会艺术博物馆官网上该文物网址：https://www.metmuseum.org/art/collection/search/308404。

契穆陶器既受莫切陶器和西坎陶器影响，也有自身特色。契穆建筑形马镫口陶瓶（图3.36）[1]具有莫切马镫口陶瓶特色，瓶体为两层阶梯式几何体，平底。上下阶梯之间塑造了一座契穆建筑，其内堆塑一个蹲坐着的契穆人，头戴圆顶帽，双手置于腿上。契穆蟹神形马镫口陶瓶（图3.37）[2]和蜥蜴形马镫口陶瓶（图3.38）[3]也具有莫切陶器遗风。契穆人物形陶瓶（图3.39）[4]则带有西坎陶器特色。契穆祭祀场景双室陶瓶（图3.40）[5]具有典型的契穆陶器风格，

图3.35　契穆搏斗图马镫口陶瓶

高19.8厘米，单流提梁，双室，平底。双室，一为扁圆腹瓶，一为长方体腹瓶，中间有短圆管相连通。扁圆腹瓶上安一长圆管作为瓶的口颈部；长方体腹瓶上堆塑九个人物，一大八小。瓶颈与大人物之间安一个弯曲扁平形的提梁。扁圆腹瓶上饰鱼子纹为地纹，正面为契穆神人形象，头戴钺形冠饰，佩圆形耳饰，拥有一对翅膀，造型与西坎神人相似，但眼角不像西坎神人眼角上翘，这是典型契穆神人形象。契穆神人两旁雕刻海鸟，海鸟头上戴扇形冠饰。契穆神人与西坎神人一样，有随从相伴两侧。长方体腹瓶上堆塑了载歌载舞祭祀祖先的场面，这是契穆陶器上常见的堆塑题材。

总之，契穆陶器以磨光黑陶为特色，以黑陶和灰陶为主，有少量彩陶。契穆陶器模制成型，缺乏创新性和细节上的精益求精。陶器上的宗教图案和题材明显减少。

1　此图由秘鲁国家考古学人类学历史学博物馆提供，图中的文物为湖南省博物馆"秘鲁古代文明展——探寻印加帝国的源流"展品。

2　美国大都会艺术博物馆官网上该文物网址：https://www.metmuseum.org/art/collection/search/310206。

3　美国大都会艺术博物馆官网上该文物网址：https://www.metmuseum.org/art/collection/search/318606。

4　美国大都会艺术博物馆官网上该文物网址：https://www.metmuseum.org/art/collection/search/309303。

5　此图由秘鲁拉鲁克博物馆提供，图中的文物为湖南省博物馆"秘鲁古代文明展——探寻印加帝国的源流"展品。

图 3.37 契穆蟹神形马镫口陶瓶

图 3.36 契穆建筑形马镫口陶瓶

图 3.38 契穆蜥蜴形马镫口陶瓶

图 3.39 契穆人物形陶瓶

图 3.40 契穆祭祀场景双室陶瓶

三、昌凯陶器

昌凯王国位于秘鲁中部海岸，北有契穆王国，南有钦查王国，公元 15 世纪被印加帝国所灭。

昌凯陶器以灰胎和灰白胎为主。用色多为黑白风格，胎体上先施白彩为地色，再用黑彩描绘纹样。昌凯陶器上的黑彩不太纯，为黑褐色；白彩不太白，呈色

白中带灰。如昌凯人形陶罐（图 3.41）[1] 为模制
成型，高 28.7 厘米，灰白胎，直口，罐身呈蹲
坐式人形，脑后与肩部之间安小曲柄，圜底。此
人大眼，高鼻，小嘴，背着一只雌鹿，双手握鹿
腿，置于胸前；鹿腿细长，前腿、后腿均被绑住。
陶工巧妙地将人的手掌设计得微微拱起，既是手
掌又是罐的双系。

　　陶俑是昌凯陶器的特色产品。昌凯陶俑（图
3.42a）[2]，高 48.3 厘米，陶俑体态丰腴，双臂举起，
呈曲膝蹲坐姿态，头戴高圆帽，脸庞大，五官集中。

图 3.41 昌凯人形陶罐

陶俑的项饰为细绳系着的两块圆形片饰。腰间系几何纹腰带，手腕上有几何纹
装饰。陶俑所装饰的纹饰与昌凯纺织品上的纹饰高度一致。昌凯陶俑多呈站姿，
双臂上举，有的俑方头方脸（图 3.42b）[3]，与瓦里陶器上描绘的瓦里神人头部相似。

昌凯陶俑不是陶塑容器，不具备容器
的实用功能，用途为陪葬品。

　　昌凯陶器中最有特色的器形是陶
瓮，高度从 40 厘米到 70 多厘米不等。
有的陶瓮是日用陶器，如昌凯盘口陶
瓮（图 3.43）[4]，高 61.6 厘米，盘口，
束颈，长卵圆形腹，圜底，腹两侧置
竖耳，肩上安横系，这是典型的实用
陶器。有的陶瓮仅为陪葬品，如昌凯

a　　　　　　　b
图 3.42 昌凯陶俑

1　　此图由陈锐拍摄，图中的文物为湖南省博物馆"秘鲁古代文明展——探寻印加帝国的源流"展品，
秘鲁国家考古学人类学历史学博物馆藏品。
2　　此图由秘鲁国家考古学人类学历史学博物馆提供，图中的文物为湖南省博物馆"秘鲁古代文明展——
探寻印加帝国的源流"展品。
3　　中国国家博物馆编：《失落的经典：印加人及其祖先珍宝精粹》，第 254 页，中国社会科学出版社，2006 年。
4　　中国国家博物馆编：《失落的经典：印加人及其祖先珍宝精粹》，第 257 页，中国社会科学出版社，2006 年。

图 3.43 昌凯盘口陶瓮

图 3.44 昌凯人形陶瓮

人形陶瓮（图 3.44）[1]，高 49.9 厘米，敞口，为一尊屈膝蹲坐的人形，头戴出脊帽，佩圆形耳饰和环形项饰，双手捧杯，置于胸前。这种陶瓮是昌凯陶器中较为常见的明器。

昌凯陶器是秘鲁古陶器中极易识别的陶器之一，其具有独特的黑白风格，五官集中是昌凯陶俑的突出特色。昌凯人形陶塑容器，身圆肚大，圜底。昌凯陶俑以裸体居多。昌凯人俑和人形陶塑容器上的人的嘴巴均为小嘴，不露齿。昌凯陶器吸收了秘鲁其他地区陶器特征，器多圜底，与纳斯卡陶器相同；人物脸型多方形，与瓦里陶器相似；圆器上塑造人首的造型受西坎陶器影响。

四、钦查陶器

钦查王国兴起于秘鲁南部的钦查河谷和伊卡河谷。公元 11 世纪，随着瓦里的衰亡，钦查壮大，将帕拉卡斯和纳斯卡地区纳入其领土范围。公元 1470 年，钦查被印加所灭。钦查纺织品精美，木雕制品精细。但钦查陶器技术上无突破，不及纳斯卡陶器和瓦里陶器。

器形上，钦查陶器制作规整，胎体较厚。装饰上，钦查陶器纹饰多模仿纺织品上的几何纹。用色上，以褐红和棕红为主色调。如鼓形陶壶（图 3.45）[2]，高 27.5 厘米，敞口，短颈，圆鼓形腹部，圜底，颈部和上腹部之间置一宽曲柄，瓶腹部黑彩绘长方形格子纹，有的格内满绘菱格纹。又如钦查敞口鼓腹陶壶（图 3.46）[3]，高 20.4 厘米，敞口，束颈，广肩，鼓腹，下腹斜收，底微圜。红胎，胎体表面抛光，再饰以黑彩和白彩，绘弦纹和竖弦纹，正面开光内满绘多重菱

1　中国国家博物馆编：《失落的经典：印加人及其祖先珍宝精粹》，第 251 页，中国社会科学出版社，2006 年。
2　中国国家博物馆编：《失落的经典：印加人及其祖先珍宝精粹》，第 263 页，中国社会科学出版社，2006 年。
3　中国国家博物馆编：《失落的经典：印加人及其祖先珍宝精粹》，第 264 页，中国社会科学出版社，2006 年。

图 3.45 钦查鼓形陶壶

图 3.46 钦查敞口鼓腹陶壶

格纹。钦查陶器上所绘纹饰及其颜色与钦查毛纺织品（图 3.47）[1] 上的纹样和颜色高度相似。钦查陶器多为几何形造型，而动物、植物、人物和场景造型陶器少见。钦查陶器几何纹装饰和突出正面纹饰的装饰风格影响了印加帝国陶器。

图 3.47 钦查毛纺织品

列国时期，秘鲁古陶器发展进入停滞期，不及莫切、纳斯卡和瓦里陶器在器形上的变化多样、颜色上的丰富多彩和体量上的硕大挺拔。这一时期，秘鲁北部的西坎和契穆陶器上能看到莫切和瓦里陶器的遗风。中部的昌凯陶器以黑白双色为特点。南部的钦查陶器则以几何纹装饰最具特色。

1　中国国家博物馆编:《失落的经典: 印加人及其祖先珍宝精粹》,第262页,中国社会科学出版社,2006年。

秘鲁陶器的趋同与衰落

印加部落兴起于安第斯山区，通过征战兼并其他地区，逐步壮大，于公元
15 世纪后半叶完成了安第斯山区和沿太平洋海滨地带的统一。印加人建立了一
个幅员辽阔、政治统一、经济一体、文化合一的强大帝国。印加帝国继承和融
合传统制陶技艺的同时，对陶器生产要求统一化和标准化，并大力推行几何纹
在陶器装饰上的运用，使秘鲁古代陶器发展进入趋同时期。公元 16 世纪中期，
西班牙殖民者攻占印加帝国首都库斯科，印加帝国在最辉煌的时候突然灭亡。
秘鲁古代历史结束，秘鲁古代陶器的发展也随着印加帝国的覆灭而衰落。

第一节　陶器趋同

一、印加帝国推行统一管理

公元 12 世纪末，印加部族迁居至秘鲁南部的库斯科盆地，以此为基地，走
向了对外扩张的道路。至公元 15 世纪中后期，印加人通过结盟与战争、商品交
换与贸易、宗教与文化传播等多种方式，建成了秘鲁古代历史上地域最广、实
力最强的帝国——印加帝国。印加帝国疆域北起今哥伦比亚境内安卡斯马约河，
南达今智利中部的毛莱河，南北延绵 4000 千米，国土面积达 200 多万平方千米。

印加人继承了秘鲁先民所创造的优秀文化，在帝国境内推行统一化管理，将
秘鲁古代文明发展推向顶峰。

印加帝国拥有杰出的筑路技术，举全国之力在帝国范围内修筑庞大的道路网
络，即著名的印加古道。事实上，印加古道是印加人在瓦里、契穆和其他民族
所筑道路的基础上，以帝国首都库斯科为中心，修筑的全长近 23000 千米的道

路网络系统，遍及今秘鲁、阿根廷、玻利维亚、智利和厄瓜多尔等国疆域。这些道路多由土砖或石块砌成，有的路段混合了土、石子和玉米叶，坚实牢固。印加古道崎岖蜿蜒又四通八达，有的路床高出湿地，有的道路经由海拔 5000 米以上的山峰，其道路宽度依地形不同而变化。印加人筑路技术杰出，道路设施设备齐全。他们用石头修葺涵洞，解决道路排水问题；砌筑矮墙，阻挡沙土；用石柱标出路肩，防止旅人迷路。更重要的是印加古道沿途每隔一段距离设有一个驿站，供人休息，提供补给，特别是用于存储粮食和装备，以备帝国军队出征之需。

梯田是印加帝国推行建造的农业大工程。帝国地形狭长，沿海岸的砂土地带干旱少雨，高原地带多石少土，农业用地匮乏。在这种艰难的自然地理条件下，印加人筚路蓝缕，在砂土地带修筑灌溉系统，于悬崖峭壁间建造梯田。他们将自然灾害频发的崎岖之地和干旱少雨的贫瘠之土改造成流水潺潺、梯田层层的农耕之地。

盐田是印加帝国按标准推行的又一壮举工程。印加人传承了祖辈们修建盐田的技术，并发扬光大，将盐河水引入洼地，再从洼地中收集盐，形成了壮观的盐田景象。

印加人的巨石建筑是印加帝国留给人类的宝贵遗产。印加人在继承迪亚瓦纳科王国的巨石建筑传统和瓦里帝国严谨的城市规划的基础上，融入新观念和新技术，创造出印加石构建筑。印加人没有铁器，没有尺子等测量工具，没有带轮子的交通工具，也没有吊车、滑轮之类的机械工具，完全以人力切割山岩，将巨石拖拽到目的地。不用灰浆砌筑石块，全靠磨石对缝的方式，将石块严丝合缝砌起来。最著名的印加建筑是马丘比丘。马丘比丘位于秘鲁南部库斯科西北的崇山峻岭之中，是一座用巨石建成的庞大古城。古城的北、东、西面是陡峭山崖，仅南面供出入，城门位于山脊最高处。城内有居住区、祭祀区和农业区等，全部用巨大石块建成。1983 年，马丘比丘遗址被联合国教科文组织评为世界自然和文化双重遗产。

庞大的印加帝国没有发明文字，以一种公共语言——克丘亚语进行沟通，用结绳记事的方式来管理国家政令和分配经济，推行统一管理。在全国范围内建造农用梯田，普及农耕和畜牧相结合的生产方式，所有生产生活物资统一分配。这种统一管理表现在陶器生产上则是陶器趋同发展。

二、印加帝国陶器趋同发展

在印加帝国实行统一化管理的历史背景下，印加陶器在胎、彩上呈现出标准化特点，器形和装饰上则表现为在融合地方传统陶器特色的基础上走向趋同发展，呈现统一规范化特征。

（一）胎彩

印加陶器使用天然黏土，并在黏土中添加了云母、沙子、磨碎的岩石和贝壳等材料，以防止胎体在烧制过程中开裂。印加陶器胎体的标准色是棕红色，以棕红色为地色，再施以彩绘。印加陶器也有黑胎、灰胎和黑灰胎。有的胎体表面施有一层陶衣，有棕红色、黑色、黄色等。

印加陶器上的彩色较为丰富，有红、黄、黑、白、紫红、棕红、褐等。印加赋予颜色特定的含义，红色为血液的颜色，代表征服和统治；黑色象征着死亡、重生和创造；黄色代表玉米和黄金；紫色是彩虹里排第一的颜色，代表印加始祖。红地黑彩是印加帝国陶器的标准用色，特别是帝国首都库斯科生产的红地黑彩陶器最为纯正，棕红色地子颜色匀净，黑彩乌黑发亮。

（二）器形

印加帝国陶器器形有瓶、罐、杯、盘和碗等。其中尖底陶瓶是印加帝国时期出现的新器形，也是最具印加陶器统一规范化特征的器形。

尖底陶瓶又称阿黎巴洛陶瓶，其形制为喇叭形口、长颈、溜肩、卵圆形长腹、锥形尖底。以尺寸为依据，可分为大尖底陶瓶和小尖底陶瓶。大尖底陶瓶，体形硕大，高度在 90 厘米以上，如图 4.1a 所示印加大尖底陶瓶[1]，高 94 厘米，又

---

1   此图由秘鲁佩德罗德奥斯马博物馆提供，图中的文物为湖南省博物馆"秘鲁古代文明展——探寻印加帝国的源流"展品。

如图 4.1b 所示大尖底陶瓶[1]，高达 100.1 厘米。几乎所有的大尖底陶瓶口沿下都有两个对称的小系，腹部两侧各有一竖耳作为穿绳提手，以竖耳为界，腹部正面绘几何纹，背面无纹饰，正面肩部正中堆塑一个动物首为饰。大尖底陶瓶是印加帝国用来储存和运输玉米酒的器皿，而玉米酒是美洲印第安人庆典活动和其他重要社交场合必不可少的饮品。由于酿造和分配玉米酒是印加政府管理庞大帝国的一种有效手段，故印加帝国制作了数量众多的标准化的大尖底陶瓶。

印加帝国也生产了大量小尖底陶瓶。在器形上，小尖底陶瓶与大尖底陶瓶相似，喇叭口或撇口，束颈，溜肩，圆腹，下腹斜收成尖底，口沿下通常有两个对称小系，亦有无小系的，腹部有两个对称竖耳。在尺寸上，小尖底陶瓶比大尖底陶瓶小很多，高度从 10 多厘米到 40 多厘米不等。在装饰上，小尖底陶瓶与大尖底陶瓶极为相似。腹部正面满绘纹饰，腹部背面光素无纹。小尖底陶瓶的肩上或下腹常贴塑简易动物头，有猴头、羊驼头、美洲虎头、蛇头等，以及几何体。如印加飞鸟纹小尖底陶瓶（图 4.2a）[2]，高 16.3 厘米，

a

b

图 4.1 印加大尖底陶瓶

1　此图由秘鲁国家考古学人类学历史学博物馆提供，图中的文物为湖南省博物馆"秘鲁古代文明展——探寻印加帝国的源流"展品。

2　此图由陈锐拍摄，图中的文物为湖南省博物馆"秘鲁古代文明展——探寻印加帝国的源流"展品，秘鲁国家考古学人类学历史学博物馆藏品。

a　　　　　　　　　　　　　　　b

图 4.2 印加小尖底陶瓶

a　　　　　　　　　　　　　　　b

图 4.3 印加背小尖底陶瓶陶塑容器

肩部正面正中贴塑黑色三角形动物头，简单而抽象。又如印加几何纹小尖底陶
瓶（图 4.2b）[1]，高 18.5 厘米，肩部正面正中贴塑的动物头似猴头。在功能上，
小尖底陶瓶主要用来盛水、玉米酒等液体。这种小尖底陶瓶在印加社会被普遍
使用，其使用情景被塑造在印加陶塑容器上。如妇女背小尖底陶瓶陶塑容器（图
4.3a）[2]，生动地雕塑了印加妇女一手抱孩子哺乳、另一手扯拴绳、背负小尖底

1　　此图由秘鲁国家考古学人类学历史学博物馆提供，图中的文物为湖南省博物馆"秘鲁古代文明展——
探寻印加帝国的源流"展品。

2　　（美）戴尔·布朗主编，段长城译：《印加人：黄金和荣耀的主人》，第 148 页，华夏出版社，2002 年。

陶瓶、盘腿休憩的形象。又如男子背小尖底陶瓶陶塑容器（图4.3b）[1]，男性背小尖底陶瓶的方式与女性相同，都是用绳穿过小尖底陶瓶的双耳，再用手拉住绳，将瓶负于背上。

印加日用陶器中普遍使用的陶瓶还有单柄陶瓶。单柄陶瓶的高度从10多厘米到20多厘米不等，根据柄的特征，可分为横柄陶瓶和竖柄陶瓶。印加菱格纹横柄陶瓶（图4.4a）[2]，高13厘米，撇口、束颈，溜肩，圆腹，平底内凹。肩部一侧置一横柄，横柄为大环形柄，横柄的高度超过口沿高度，作提梁用。印加竖柄陶瓶的竖柄通常安置在口沿和肩部之间，高度与口沿齐平，如印加菱格纹竖柄陶瓶（图4.4b）[3]，高16.3厘米，撇口，细长颈，溜肩，圆腹，

图4.4 印加单柄陶瓶

圈底，口沿与肩部之间安竖向曲柄。此瓶的曲柄较宽，柄上装饰几何纹。颈部贴塑人的眼睛、鼻子和嘴巴，并饰以黑彩描绘五官。肩部和上腹部正面施黑褐彩，描绘两周几何纹装饰带。印加日用陶瓶的装饰多在陶瓶的正面，液体从壶嘴倾倒出来，以装饰面示人。

图4.5 印加双联陶瓶

1　（意）卡罗琳娜·奥尔西尼编著，赖海清译：《太阳之子的印加》，第18页，光明日报出版社，2013年。
2　此图由秘鲁佩德罗德奥斯马博物馆提供，图中的文物为湖南省博物馆"秘鲁古代文明展——探寻印加帝国的源流"展品。
3　此图由秘鲁国家考古学人类学历史学博物馆提供，图中的文物为湖南省博物馆"秘鲁古代文明展——探寻印加帝国的源流"展品。

图 4.6 印加相叠黑陶瓶

双联陶瓶也是印加陶器常见瓶形，为两个相似的长颈圆腹陶瓶腹部相连通、颈部之间置提梁的陶瓶。如印加几何纹双联陶瓶（图 4.5a）[1]，高 14.9 厘米，由两个单体瓶相连而成，瓶腹上部及提梁装饰几何纹，其中一个瓶口上贴塑一只飞禽。又如印加双联黑陶瓶（图 4.5b）[2]，高 18 厘米，其中一个瓶口上贴塑两只猴。黑胎和贴塑小猴是契穆陶器特色，可见这件印加双联陶瓶带有契穆陶器遗风。

相叠陶瓶是印加特色瓶形，为一大一小、一下一上叠加而成的连体陶瓶。印加相叠黑陶瓶（图 4.6）[3] 是其典型器，高 21.8 厘米，两件陶瓶上下叠加，上为尖底陶瓶，肩部贴塑一兽首，腹部两侧各一竖耳；下为单柄陶瓶，宽柄安在口部与肩部之间，腹部为圆球形，下腹部贴塑羊驼头，为相叠陶瓶的出水口。

印加继承了秘鲁陶塑容器制作的传统，烧造了人形、动物形、植物形、人与动物组合造型以及动植物组合造型的陶器。如印加人形陶罐（图 4.7）[4] 的造型为人体形罐身背部加一个圆筒形的口颈部。这种造型的陶罐源自莫切和纳斯

图 4.7 印加人形陶罐

1　中国国家博物馆编：《失落的经典：印加人及其祖先珍宝精粹》，第 284 页，中国社会科学出版社，2006 年。
2　中国国家博物馆编：《失落的经典：印加人及其祖先珍宝精粹》，第 281 页，中国社会科学出版社，2006 年。
3　中国国家博物馆编：《失落的经典：印加人及其祖先珍宝精粹》，第 280 页，中国社会科学出版社，2006 年。
4　此图由秘鲁中央银行附属博物馆提供，图中的文物为湖南省博物馆"秘鲁古代文明展——探寻印加帝国的源流"展品。

卡时期。眼睛下的垂泪痕与瓦里、昌凯人物面部泪痕彩饰相似。胸部有一对圆形装饰，与昌凯陶塑人物胸前装饰一样。身穿印加风格束腰外衣，腰间装饰一排几何纹。腰部几何图案与昌凯人形陶塑腰间的装饰相似。此陶罐充分体现了印加陶器对前印加时期陶器的融合与创新，展现了印加陶器的风格。

图 4.8 印加羊驼纹陶盘

印加有一种敞口、浅腹、小平底的陶盘，特别之处在于盘边沿有凸起装饰，或半圆形，或小环钮，或动物首，作手柄用。如印加羊驼纹陶盘（图 4.8）[1]，高 4 厘米，口径 18 厘米，盘内满绘纹饰，盘外壁光素无纹，一对半圆形小手柄对称地分布于陶盘边缘。这种印加宴会仪式用盘，除了陶质的，还有金质和银质的。

图 4.9 印加人面纹凯罗陶杯

印加凯罗陶杯有统一标准的形制，即敞口、筒形腹、腹部斜收、平底。印加人面纹凯罗陶杯（图 4.9）[2] 是其典型器，高 18.9 厘米，杯外壁中部装饰一周凸起的宽弦纹，其下雕刻人面纹，这是对瓦里贵族在祭祀盟誓时使用的人首形陶杯（图 3.6）的继承和发展。凯罗杯有陶质的、木质的和金属材质的。

（三）装饰

几何纹是印加陶器上的主要装饰纹样。印加几何纹饰丰富，有菱格纹、"十"字纹、三角纹、回纹、方格纹、"之"字纹、锯齿纹、曲线纹、编织纹、竖条纹、网纹、圆点纹、圆圈纹、弦纹、不规则几何纹等。这些几何纹又演变出了更多的纹样。菱格纹有双重菱格纹、三重菱格纹、四重菱格纹等；三角形两两相对呈漏斗形；回纹有单体回纹，也有连续回纹；方格纹有单体方格纹，也有多个

1　此图由秘鲁国家考古学人类学历史学博物馆提供，图中的文物为湖南省博物馆"秘鲁古代文明展——探寻印加帝国的源流"展品。
2　中国国家博物馆编：《失落的经典：印加人及其祖先珍宝精粹》，第 301 页，中国社会科学出版社，2006 年。

方格纹组成的棋盘纹和阶梯纹；"十"字纹有正十字纹，也有斜向交叉十字纹。各种几何纹又互相搭配，交织组合成各种复合几何纹，菱格纹内三角纹，三角纹内回纹，"之"字纹内方格纹，方格纹内圆点纹，连续三角形纹，连续回纹，连续方格纹，连续菱格纹，多重圆圈纹，连续圆圈纹，在繁复中平添趣味。这种多重反复的组合，让图案在规整中富于变化。几何纹在不同排列组合、重重互套、循环反复中形成各种分布，有带状分布、条状分布、块状分布和不规则分布，尽显趣味。

印加陶器除几何纹饰外，还有美洲虎、羊驼、蛇、鸟、蝴蝶、蜻蜓、蜜蜂等动物纹以及海洋生物和植物纹，以抽象或写意形式呈现。如印加植物纹陶瓶（图4.10）[1] 腹部描绘的植物纹，似一串串的豆荚和长条形的瓜果，以线条间隔，应为梯田里的农作物。

印加陶工常用的装饰技法有彩绘、刻花、贴塑和堆塑等，尤以堆塑最具匠心。印加堆塑猴与瓜形陶瓶（图4.11）[2] 是一件巧妙运用堆塑技法的佳作。其腹部为三瓜相连，瓜蒂塑造得自然写实，瓜蒂向内弯曲，在瓶颈处收拢，形成曲柄提手。三个瓜上各堆塑一只黑色猴子，再现了印加人养猴帮人类摘瓜果的场景。印加

图 4.10 印加植物纹陶瓶　　　图 4.11 印加堆塑猴与瓜形陶瓶　　　图 4.12 印加堆塑鹦鹉与玉米形陶瓶

1　中国国家博物馆编：《失落的经典：印加人及其祖先珍宝精粹》，第286页，中国社会科学出版社，2006年。
2　中国国家博物馆编：《失落的经典：印加人及其祖先珍宝精粹》，第285页，中国社会科学出版社，2006年。

堆塑鹦鹉与玉米形陶瓶（图4.12）[1]，是一件将自然趣味融入陶瓶造型的堆塑手法装饰陶器的典范之作。其瓶身是一根高度艺术化的玉米，撇口，短颈，玉米形腹，尖底，底部有出水口。瓶体一侧堆塑一只鹦鹉，正啄食玉米，这个堆塑造型完美地构成了陶瓶的提手。可见，印加陶工灵活运用堆塑技艺，使堆塑不仅有艺术性，而且具功能性，还反映出了生活中的细节。

（四）主要特征

印加人在继承前印加时期陶器制作和装饰工艺的基础上，结合自身宗教、庆典仪式和生产生活所需，烧造了统一规范化的印加陶器。其主要特征表现在三个方面：

（1）器形上，印加陶器对前印加时期的传统器形进行了选择性地继承和融合创新，且烧造了印加陶器新品种。

凯罗杯是典型的传统器形，这种筒形平底杯是西坎、契穆在祭祀时使用的金银杯造型，是瓦里仪式上普遍使用的陶杯造型。印加帝国时人们将玉米酒从尖底陶瓶中注入凯罗杯里，用来祈愿丰收。

融合创新器形主要体现在双联陶瓶和陶塑容器上。双联陶瓶是从莫切以来就一直存在的秘鲁古陶器器形。至印加帝国时，双联陶瓶演变为两个相同瓶形相连，其中一个陶瓶上有堆塑装饰，并延续至殖民时期（表4.1）。

表 4.1 双联陶瓶发展演变表

莫切时期	瓦里时期	列国时期	印加时期	殖民时期

印加陶器新品种有尖底陶瓶、相叠陶瓶和平底浅盘。其中，大尖底陶瓶最能体现印加陶工高超的制作和烧造技术。更重要的是，大尖底陶瓶有统一的形制

1　中国国家博物馆编：《失落的经典：印加人及其祖先珍宝精粹》，第306页，中国社会科学出版社，2006年。

和标准的装饰，帝国大量使用大尖底陶瓶用来运输、储存和分配玉米酒，可培育和增进各民族对印加帝国的认同感。

（2）印加陶工继承了前印加时期陶器浅浮雕、刻花、贴塑、堆塑和彩绘等装饰技法，尤以堆塑运用得最为传神。

（3）印加帝国陶器上使用最为普遍的纹饰是几何纹，动植物纹不多，人物纹也少。几何纹有多种排列组合和多方连续式构图，纹饰在规矩中富有变化，常以"之"字纹、竖条纹或弦纹作为间隔纹饰，具有层次分明、繁而不乱的特点。印加帝国是一个少数民族统治六十多个民族的超级帝国，几何纹不代表其中任何一个民族的图腾和崇拜信仰的神灵，有利于维护帝国统治和推行统一化管理。而且规矩的几何纹能潜移默化地让人知道要遵守规范，合乎制度，规范行为，统一思想认识。

相对于前印加时期陶器，印加陶器更为强调有序和规矩的理念。印加皇帝在日常生活和典礼仪式上仅用金、银礼器，从而导致印加帝国陶器在精工细作方面不及秘鲁古陶器繁荣与兴盛期和瓦里帝国时期。

第二节　陶器衰落

印加帝国是秘鲁古代历史政治体系中最强盛和规模最大的政体，是一万三千年历史长河中不曾间断的安第斯印第安文明的顶点。但是，印加帝国内部存在诸多矛盾，有望族之争、中央权力对同盟集团的制约和妥协以及地方势力的反叛等。公元16世纪，西班牙殖民者入侵印加帝国时，帝国正值全盛期。由于印加王辞世，两个儿子因继承王位而发生内讧，以及欧洲传来的天花病毒在帝国内肆虐，特别是军事实力的巨大悬殊，仅数百人的西班牙入侵者便征服了印加帝国。公元1532年，西班牙人占领首都库斯科。公元1572年，盛极一时的印加帝国彻底覆灭。

随着印加帝国的灭亡，秘鲁古代陶器的发展迅速衰落。其衰落主要表现在两个方面。一方面，没有新器形诞生，而传统器形在消亡。另一方面，陶器多采用模制成型，且装饰不精。值得一提的是欧洲殖民者带来了釉陶技术，秘鲁开始烧造釉陶器，如殖民时期双联釉陶瓶（图4.13）[1]，便是陶工将殖民者带来的釉陶技术运用到印加双联陶瓶上的典型器。

图 4.13 殖民时期双联釉陶瓶

虽然秘鲁古陶器的发展随着印加帝国的灭亡而衰落，但是其传统制陶技艺流传至今。如今，在秘鲁山区的村落里依然用传统制陶技术烧造日用陶器。在秘鲁旅游景点，仍可见小商小贩手持传统工艺制作的双联发声陶瓶，使其发出各种声音以招徕游人。

---

[1]　此图由秘鲁布鲁宁国家考古博物馆提供，图中的文物为湖南省博物馆"秘鲁古代文明展——探寻印加帝国的源流"展品。

秘鲁陶器
与精神信仰

古代秘鲁的印第安人没有发明文字，也没有典籍记载其思想文化，他们通过精美的器物传播精神信仰，即用器物的造型和纹饰承载信仰，器物又在使用和流传中传播信仰。秘鲁印第安人在陶器制作上成就斐然，在很大程度上是因为精美陶器凝聚了他们的世界观和宗教信仰。

第一节　马镫口陶瓶与世界观

马镫口陶瓶是秘鲁古陶器中流传时间最长的器形，从查文时期至契穆时期，从未断烧。马镫口陶瓶也是秘鲁古陶器流布范围最广的陶器器形，从海滨地区到安第斯山区，从北部地区到南部地区，均有出土。马镫口陶瓶经久不衰，与其承载了秘鲁先民的世界观密切相关。世界观，又称宇宙观，是人们对世界的总的根本看法。世界观是社会实践的产物和对社会存在的反映。

一、马镫口陶瓶

（一）马镫口

马镫口陶瓶由马镫口和瓶身两个部分组成。马镫口是陶瓶的口、颈和提梁部分，其形似马镫。从查文到契穆的两千多年里，马镫口在口部、长短、弧度和装饰上于不同时期和不同地区有些差异，但形制一直未有变化，即一根竖向圆管，往下发展为两根弧形圆管，两根圆管的下面为各种造型的瓶身。

（二）瓶身造型

马镫口陶瓶的瓶身造型异常丰富，各个时期，各个地区，各有特色。

1. 陶器形成与发展期马镫口陶瓶的瓶身造型

在秘鲁陶器形成与发展期，陶器类型主要有北部的查文陶器、库比斯尼克陶器、登布拉德拉陶器和南部的帕拉卡斯陶器。

查文马镫口陶瓶的瓶身造型带有强烈的宗教色彩。其造型多为查文人崇拜的对象，有美洲虎、神人和巫师等。查文文化最大的特征是利用宗教管理社会，扩大统治影响力和扩张领土。考古学家的调查和发掘表明，查文文化神庙建筑和祭祀器皿都以宗教的神圣性为第一宗旨。[1] 在查文的宗教信仰里，美洲虎充满神性，拥有超能力。巫师通过致幻剂，利用宗教仪式可转变成美洲虎，他们"在举办仪式时装扮成美洲虎的样子，其目的可能就是想借助美洲虎的力量来预测未来并管理部落内部事务"[2]。查文神人将人类的身体、美洲虎的獠牙、蛇形的头发和秃鹰的利爪集于一身。正因为美洲虎、巫师和神人代表神圣性，所以查文人在宗教仪式中使用的马镫口陶瓶的瓶身造型主要来源于美洲虎、巫师和神人的形象。通过其瓶身造型，可知查文信仰对象的面貌和形态。

库比斯尼克马镫口陶瓶的瓶身造型极为丰富。空中的飞鸟，林中的美洲虎、猴，水里的章鱼、螃蟹，家里饲养的豚鼠，以及用来制作致幻剂的圣佩德罗仙人掌，甚至人都成为库比斯尼克马镫口陶瓶器身造型的创作题材，体现了万物有灵的观念。

登布拉德拉马镫口陶瓶的瓶身造型主要来源为巫师和神圣的动物。

帕拉卡斯马镫口陶瓶数量少，瓶身造型受查文影响，表达的也是宗教题材。

2. 陶器繁荣与兴盛期马镫口陶瓶的瓶身造型

在秘鲁陶器繁荣与兴盛期，陶器类型主要有北部的莫切陶器、雷瓜伊陶器、加伊纳索陶器和南部的纳斯卡陶器。这一时期，唯北部烧造马镫口陶瓶，尤以莫切马镫口陶瓶造型最为精彩。

莫切陶工将马镫口陶瓶的瓶身造型发展到极致，与莫切信仰、生产和生活相

1　John Rick:《宗教与权威：查文德万塔尔区的宗教及其早期治理》，载赵鸥编：《安第斯文明特展：探寻印加帝国的起源》，第258—263页，文物出版社，2019年。
2　（美）戴尔·布朗主编，陈雪松译：《安第斯之谜：寻找黄金国》，第60页，广西人民出版社，2002年。

关的一切事物皆可成为马镫口陶瓶的瓶身造型。其造型有莫切神人、巫师、武士、平民、俘虏、各个年龄段人物肖像、骷髅头、各种动物和动物头、各种植物、各式几何体，表现神人、人类和动物繁衍的各种体势，以及山祭、海祭、酿酒、劳作、哺乳、分娩、出行、山林、神庙建筑等鲜活的场景。纵观整个秘鲁古代陶器发展史，莫切马镫口陶瓶的瓶身造型最为丰富。

3.陶器融合与停滞期马镫口陶瓶的瓶身造型

秘鲁陶器融合与停滞时期，马镫口陶瓶的烧造呈断崖式下降，数量锐减，质量下滑。这一时期，烧造马镫口陶瓶的是契穆王国，契穆王国统治地域正是当年莫切文化的核心区域。契穆继承了莫切生产马镫口陶瓶的传统。契穆马镫口陶瓶的瓶身造型有神人、贵族、美洲虎、羊驼、木薯、建筑和几何体等。马镫口陶瓶发展到契穆时期，其马镫口和瓶身是模制一体成型的，在提高生产效率的同时，降低了瓶身造型的丰富性和精美度。

（三）功用

马镫口陶瓶拥有特别丰富的造型，传承数千年，数量庞大，影响甚广。通过马镫口陶瓶考古发掘出土情况和陶器上的绘画图案，可知马镫口陶瓶有三大功用。

功用一：生活用器。莫切喇叭形口陶碗上描绘的纺织劳作图（图5.1）[1]，绘有马镫口陶瓶，器身有动物头造型，也有几何体造型。这些马镫口陶瓶有的悬挂

图5.1 莫切陶碗上描绘的纺织劳作图

在横梁上，有的放置于纺织者身旁的地面上。由此推断马镫口陶瓶可作为水器。

功用二：祭祀用器。查文·德万塔尔神庙遗址出土的马镫口陶瓶，其上的装饰纹样都与宗教有关，这些马镫口陶瓶应是在献祭神灵时所使用的祭器。如图2.76 所示的莫切马镫口陶瓶，其球形腹上部塑造了一位端坐的莫切人像，像前绘有一个马镫口陶瓶和两只盛满食物的碗，这是莫切供奉祖先的情景。从而可推断马镫口陶瓶是作为祭器使用。

功用三：陪葬用品。马镫口陶瓶大量出现在库比斯尼克、登布拉德拉、莫切和契穆的墓葬里。有的马镫口陶瓶出土在墓室壁龛里，有的出土在墓室的两端，有的出土在墓室侧边。墓葬等级越高，陪葬的马镫口陶瓶越多，瓶身造型越丰富。[1] 1989 年北美考古学家克里斯托弗·唐南发掘了一座被盗的莫切王室墓葬，出土了 6 件马镫口陶瓶，其中鸮形马镫口陶瓶制作精细，鸮形态逼真。[2] 可知，马镫口陶瓶可作丧葬用器。

在功用上，马镫口陶瓶既是日用器，又是祭祀用器，还是明器。在使用上，马镫口陶瓶是水器，也是酒器。马镫口陶瓶仅有一个小口，口径在 2 厘米至 3.5厘米之间，可有效防止瓶内液体因气候干燥而蒸发。马镫口陶瓶便于携带，易于悬挂。即使被不慎碰倒，水亦不会从马镫口的环形设计圆管中迅速流出。

二、马镫口陶瓶反映的世界观

马镫口陶瓶传承数千载的深层缘由是其器形蕴含了古秘鲁人对世界的最基本看法，即他们的世界观，也是他们的宇宙观。从上往下观察马镫口陶瓶器形，一根圆管一分为二地发展成两根圆管，两根圆管进一步演变，生成各种造型的瓶身。这一演进过程反映出秘鲁先民看待世界的最根本观点。在古代秘鲁印第安人心目中，一根竖向的圆管代表天，天为一。一生二，生出两根圆管。两根圆管，一左一右，或一上一下，为一阴一阳。阴阳结合产生瓶身，各种瓶身造型所表达的正是古代秘鲁人信仰里的神话人物以及现实生活中的人和事。换言

1　陈锐：《秘鲁古代文明莫切文化马镫口陶瓶初探》，《湖南省博物馆馆刊》第十六辑，岳麓书社，2020 年。
2　（美）戴尔·布朗主编，陈雪松译：《安第斯之谜：寻找黄金国》，第 103 页，广西人民出版社，2002 年。

之，从上至下看马镫口陶瓶，可看到古代秘鲁印第安人的世界观：阴阳合、万物生是世界运动变化的本质。

秘鲁古代其他物质文明亦可佐证秘鲁先民阴阳合、万物生的宇宙生成观。查文·德万塔尔遗址的主殿东大门由黑白两种石材建成。南半边用白色花岗岩和砂岩砌筑，北半边用黑色石灰岩建成。黑白双色大门上雕刻了与宗教信仰相关的动物和神人等。两根巨大的圆形门柱上分别雕刻具有凶猛动物特征的查文神人，为一雌一雄。这显然是秘鲁印第安人阴阳观念的表达。

在秘鲁兰巴耶克河谷的锡潘地区，曾经的莫切王国统治中心所在地，考古学家发掘了一座莫切王墓地。莫切王的脖子上戴有四串项链。从上往下的第三串项链为一串精致异常的花生形项链。项链上每颗珠子的形状与真花生几乎一模一样。此项链由 10 颗花生形珠子串成，一半（5 颗）为白色的银花生珠，另一半为黄色的金花生珠。锡潘王的身上有两件杜米刀。杜米刀是古秘鲁人在祭祀仪式中用来取人血献祭和切割羊驼等祭品的工具。这两件杜米刀，一件为黄金质地，另一件是白银质地。[1] 这是古秘鲁人阴阳概念在丧葬仪式上的表达。

位于秘鲁中北部海岸的华尔美城堡是瓦里帝国时期的遗址。城堡中的一个女性贵族墓葬里出土了一对圆形金银耳饰（图 5.2）[2]。耳饰一半是金的、一半是银的，

图 5.2 瓦里圆形金银耳饰

其上纹饰相同，为一对美洲虎纹。半金半银耳饰是阴阳和谐观念的表现。瓦里男性神和女性神常成对出现。神的眼珠为一半白、一半黑（图 3.23）。这些都是阴阳合一观念的外化表现形式。

西坎工匠制作金属器具和饰品的技艺高超，装饰西坎神人形象的杜米刀是其杰出代表之一。在各种西

---

1   （意）阿尔贝托·西廖蒂主编，王俊逸译：《尘封的盛世：探寻古代文明的无价宝藏》，第 408 页，华中科技大学出版社，2019 年。
2   此图由秘鲁国家考古学人类学历史学博物馆提供，图中的文物为湖南省博物馆"秘鲁古代文明展——探寻印加帝国的源流"展品。

坎神人杜米刀中，有一种杜米刀很有特色。如图5.3
所示的西坎神人形杜米刀[1]，刀的柄部是西坎神人，
刃部由多块金质和银质的小方格锻造而成。阴阳对
立又统一的观念在这件金银器上得到充分体现。

印加帝国有制作金属男女小塑像的习俗。塑像用
捶揲法制作，内部中空，制成后，再给他们穿上印
加传统服饰，成对地放置在印加帝国各个圣地。

由此可见，从查文到印加，阴阳二元世界观在秘
鲁代代相传，是秘鲁古代文明的文化基因。

秘鲁先民的阴阳对立统一、万物生的观念与中国
道家的阴阳宇宙生成观不谋而合。《道德经》载："道
生一，一生二，二生三，三生万物。万物负阴而抱
阳，冲气以为和。"[2]查文·德万塔尔神庙所处的年代与老子所处的中国春秋时

图 5.3　西坎神人形杜米刀

期差不多，但秘鲁和中国之间相隔太平洋，相距数万里，当时的两国之间应该
没有交流。

那么，为什么秘鲁先民和中国先人看待世界的基本观点如此高度相似呢？我
们认为其背后的原因与玛雅文明和华夏文明之间存在相似之处的原因类似。可
借用张光直先生提出的"玛雅—中国文化连续体"观点来解释这一相似现象。
张光直先生认为虽然中国文明和中美洲文明起源不同，但实际上是同一祖先的
后代在不同时代、不同地点的产物。二万多年以前大部分印第安人通过白令海
峡从亚洲到美洲时，带去美洲的文化内容可能意想不到的丰富。旧石器时代祖
先的文化，尤其是美术、思想和意识形态的发达程度，远远比现在从极有限的
考古资料中所看到的要高得多。[3]同一祖先的后代在不同时代、不同地点创造的

1　（日）松本亮三：《ペルー黄金展図録》，第 4 页，株式会社 フジテレビジョン，1998 年。
2　陈鼓应：《老子注译及评介》，第 232 页，中华书局，1984 年。
3　张光直：《中国古代史在世界史上的重要性》，《考古学专题六讲》，第 21 页，文物出版社，1986 年。

不同文明之中存在美术和意识形态上的相似性，也适合于阐释阴阳二元对立又统一的观念在华夏文明和秘鲁古代文明中高度相似且传承数千年的问题。我们知道秘鲁的土著是从北美洲和中美洲继续往南迁徙的印第安人。秘鲁的先祖来自亚洲，他们身上有旧大陆的文化基因。这就可以很好地解释秘鲁古代文明和中国古代文明中存在诸多相似之处的根本原因了。我们便可理解秘鲁古代先民的世界观是美洲印第安先民在踏上美洲大陆之前就已经形成的观念。

马镫口陶瓶是实用容器，也是极具创造力和表现力的陶塑艺术品。马镫口陶瓶将莫切人的精神世界和物质世界有机结合起来。在生活中，它们用来盛水或酒；在丧葬礼仪中，它们连接生死；在祭祀仪式上，用它们来盛玉米酒以侍奉神与祖先。莫切马镫口陶瓶将观念、艺术、生活和实用融合于一体。在世界各时期各地域的陶器中，秘鲁马镫口陶瓶堪称艺术价值、实用功能与自然环境完美结合的经典之器。

第二节 陶器与萨满教

秘鲁古陶器的造型和纹饰传递了内涵丰富的秘鲁先民的原始宗教信仰——萨满教。萨满，即巫师，萨满是通古斯语对巫师的称呼，故萨满教亦可称为巫教。世界著名宗教史家米尔恰·伊利亚德认为萨满入迷、神灵附体、多层宇宙、巫术飞行、沟通天地、交流死者和魔鬼、沟通和驾驭神灵等概念是萨满教的核心观点。[1] 彼得·佛斯特重构萨满教底层建构时指出，自然环境和超自然环境中诸现象的魔术性转化是萨满教的基本原则。人与动物能化身为彼此的形式，巫师常有动物神灵相助。分层的宇宙中央有天地柱，连接宇宙各层，巫师通过中央之柱升至上层世界和降到下层世界。萨满用致幻剂引发幻觉迷魂，从而沟通天、地、神、人。[2] 亦有学者认为萨满教是最古老的文化现象。[3]

概而述之，萨满教是一种原始信仰，信仰万物有灵，崇拜自然、动物、祖先和神灵。在萨满教信仰体系里，宇宙分为多层，每层都居住有神灵和居民。萨满教里最重要的角色是萨满，即巫师。巫师上天入地，沟通各界神灵、祖神和万物，能与动植物进行角色互换，可转化为神的形态。事实上，萨满教非真正意义上的宗教，真正意义上的宗教是对神顶礼膜拜，绝不敢冒犯神。而萨满教巫师祭祀是与神沟通，有求于神，祈望神灵能满足所求，若不答应，巫师便施展巫术，迫使神灵满足其所求。准确地说，萨满教是在巫术信仰下的一系列的仪式化巫术活动，是对巫师及其观念、迷魂经验和行为的信仰和崇拜。萨满教及其巫术活动是一种古老的文化现象。

1　（美）米尔恰·伊利亚德著，段满福译：《萨满教：古老的入迷术》，第 2 页，社会科学文献出版社，2018 年。
2　张光直：《中国古代文明的环太平洋的底层》，《中国考古学论文集》，第 353—355 页，生活·读书·新知三联书店，2013 年。该文原载《辽海文物学刊》1989 年第 2 期。
3　苑杰：《传统萨满教的复兴：对西伯利亚东北亚和北美地区萨满教的考察》，第 1 页，社会科学文献出版社，2014 年。

一、獠牙神面与萨满教

纵观秘鲁古陶器发展史，不论是陶器造型，还是陶器纹饰中，都大量使用獠牙神面。獠牙神面也出现在秘鲁古代文明其他材质的器物上。这些獠牙神面与先民信仰的萨满教直接相关。

（一）秘鲁各时期的獠牙神面及特征

獠牙神面是带有猛兽特征的人面与獠牙的结合体，其形为人脸、巨嘴和口中突出的獠牙，其中，四颗獠牙者最为普遍。随着时代的发展，獠牙神面发生变化，但不论怎样演变，獠牙神面有一个不变的标志性特点，即口中保留尖锐的獠牙，獠牙比平齿大，牙尖锋利。在秘鲁古代文明的不同时期和不同地区，獠牙神面有所不同并具有各自的特征。

1. 查文獠牙神面

查文文化在秘鲁古代文明乃至南美洲古代文明中都具有举足轻重的地位，被誉为南美洲安第斯文明之母，它对秘鲁古代文明的重要作用，如同商周文化对华夏文明、苏美尔文化对两河文明和奥尔梅克文化对玛雅文明的作用。

查文獠牙神面的陶器有查文雕刻獠牙神面纹马镫口陶瓶（图 1.3）和查文雕刻獠牙人脸纹陶碗（图 1.8）。而最具有代表性的是查文·德万塔尔神庙遗址出土的獠牙神面纹石雕和石刻，概况如下：

雕刻石柱（图 5.4a）[1]，高 457.5 厘米，石柱一周雕刻查文主神，蛇形眉弓，双圈圆眼，宽阔鼻翼，大嘴微张，口里两排平齿和一对锋利的上獠牙，牙尖朝下，戴圆形耳饰，满头蛇发，手足似鹰爪。此石柱矗立在旧神殿的地下回廊中。

石雕头像（图 5.4b）[2]，高 50 厘米，长 70 厘米，宽 35 厘米，双圈圆眼，蒜头鼻，宽厚大嘴，嘴里露出两对巨大獠牙，内侧獠牙牙尖朝上，外侧獠牙牙尖朝下，发梢为蛇头，垂在头像两侧。石雕头像背面是石榫头，原本固定在主神殿墙体外侧。

---

1   Richard Burger L.: *Chavin de Huantar and Its Sphere of Influence*, *The Handbook of South American Archaeology*, edited by Helaine Silverman and William H. Isbell, Springer (2008), Chapter 35,p.691.

2   赵鸥编：《安第斯文明特展：探寻印加帝国的起源》，第 45 页，文物出版社，2019 年。

雕刻石板，长 54 厘米，宽 50 厘米，厚 15 厘米，其上雕刻有獠牙神面的查文神人形象。侧身像，圆眼，獠牙突出，蛇发，佩戴双蛇头腰带，手为利爪。查文神或手握圣佩德罗仙人掌（图 5.4c）[1]，或立于阿拉豆荚和豆叶下（图 5.4d）[2]。也有正面像，方形眼，宽扁鼻，口里有两排平齿和两颗牙尖朝下的大獠牙，戴圆形耳饰，蛇发（图 5.4e）[3]。雕刻石板原本是镶嵌在主神殿旁的小型广场内墙四周的。

雕刻大石板（图 5.4f）[4]，高 183 厘米，其上雕刻查文文化主神正面像，双圈眼，蒜头鼻，大嘴，口里有两对獠牙，蛇发，足为鹰爪，双手各持一根权杖。主神"几"字形巨嘴中有一排平齿、四颗獠牙和外伸的舌头。主神头戴高冠，冠正中雕刻四组獠牙兽，两侧雕有蛇纹。

图 5.4　查文獠牙神面纹石雕

1　（美）戴尔·布朗主编，陈雪松译：《安第斯之谜：寻找黄金国》，第 88 页，广西人民出版社，2002 年。
2　赵鸥编：《安第斯文明特展：探寻印加帝国的起源》，第 47 页，文物出版社，2019 年。
3　Alan R. Sawyer: *Ancient Peruvian Ceramics the Nathan Cummings Collection*, New York Graphic Society, 1966, p.74.
4　S. K. Lothrop: *Gold Ornaments of Chavin Style from Chongoyape, Peru, American Antiquity*.1941,6(3).

图 5.5 查文獠牙神面纹金器

　　秘鲁北部卡哈马卡昆图尔－瓦希墓葬出土的查文金冠和金饰上也有獠牙神面纹。如圆筒形镂空金冠（图 5.5a）[1] 上有两周镂空的小方框，每个方框内垂挂一个獠牙神面金片饰，其形象与查文·德万塔尔遗址雕刻石板中的侧脸獠牙神面（图5.4d）相似。又如圆筒形金冠（图 5.5b）[2] 上捶揲的獠牙神面，圆眼，阔鼻，弓形嘴，两颗大獠牙。再如金饰上捶揲的獠牙神面（图5.5c）[3] 为侧脸形象，方形眼内嵌贝壳，短鼻，大嘴，獠牙锋利，蛇发。

　　秘鲁北部兰巴耶克河谷琼戈亚佩贵族墓葬出土有查文金冠，其上捶揲獠牙神面（图5.5d）[4]，方眼，阔鼻，大嘴，一对向下的獠牙，戴圆形耳饰，头上长犄角，胸部以兽面为饰，鹰爪，两手各持一根权杖。

1　中国国家博物馆编：《失落的经典：印加人及其祖先珍宝精粹》，第72页，中国社会科学出版社，2006年。
2　中国国家博物馆编：《失落的经典：印加人及其祖先珍宝精粹》，第76页，中国社会科学出版社，2006年。
3　中国国家博物馆编：《失落的经典：印加人及其祖先珍宝精粹》，第82页，中国社会科学出版社，2006年。
4　（美）戴尔·布朗主编，陈雪松译：《安第斯之谜：寻找黄金国》，第76页，广西人民出版社，2002年。

查文骨器上见有獠牙神面纹。如查文獠牙神面纹骨雕（图5.6）[1]，其上雕刻了一个头戴高冠的獠牙神面，方眼，阔鼻，口里两颗大獠牙。

总体而言，查文獠牙神面五官分明，口部夸张，獠牙突出，其正面形象的獠牙一上一下呈咬合状，两颗牙尖向上的獠牙在内侧，两颗牙尖向下的獠牙在外侧。有的獠牙神面戴有高冠，长蛇发；眼有圆形、杏形、椭圆和半圆等；鼻翼宽，鼻孔大，似蒜头，类猪鼻；有的嘴里伸出舌头，为倒三角形；有的戴耳饰，多为圆形耳饰。

图5.6 查文獠牙神面纹骨雕

2. 帕拉卡斯獠牙神面

帕拉卡斯陶器和纺织品上有獠牙神面纹。如帕拉卡斯陶片上刻有獠牙神面侧脸（图5.7a）[2]，其与查文雕刻石板上的獠牙神面（图5.4d）相似。又如帕拉卡

图5.7 帕拉卡斯獠牙神面

1　此图由秘鲁布鲁宁国家考古博物馆提供，图中的文物为湖南省博物馆"秘鲁古代文明展——探寻印加帝国的源流"展品。

2　Alan R.Sawyer: *Ancient Peruvian Ceramics the Nathan Cummings Collection*, New York Graphic Society, 1966,p.76.

斯陶碗的内外壁刻獠牙神面（图 5.7b）[1]，正脸，大眼，小鼻，长方形巨嘴，两对獠牙突出，两排平齿，舌头外伸。再如帕拉卡斯棉布上有獠牙神面（图 5.7c）[2]，为侧脸像，蛇发，方眼，巨嘴，三颗大獠牙，与查文文化金饰（图 5.5c）右侧獠牙神面相似。因帕拉卡斯陶器和纺织品上所见的獠牙神面形象与查文獠牙神面相似，可推知帕拉卡斯獠牙神面源自查文。

3. 莫切獠牙神面

莫切陶器拥有丰富的獠牙神面，有獠牙神面纹和獠牙神面造像。莫切横柄陶罐的外底彩绘獠牙神面纹（图 5.8）[3]，杏眼，嘴两侧各绘一对上下咬合的獠牙，獠牙呈三角形，与平齿的大小相似，四根卷曲长发为章鱼腕足，戴蛇头形耳饰。莫切陶塑容器上呈现有各种獠牙神面造像（图 5.9a—f）[4]。莫切獠牙神面通常戴冠饰和耳饰。冠有鸮头冠、扇形冠、双角冠、圆盘冠和钺形冠等。莫切獠牙神面多与人体结合（图 5.9a—c），也有与动物体结合的（图 5.9d），亦有与植物体结合的（图 5.9e）。莫切还有一种特有的以骷髅头为原型的獠牙神面（图 5.9f）。

图 5.8 莫切横柄陶罐外底描绘的獠牙神面纹

除陶器外，莫切壁画和金属器均见有大量獠牙神面像。莫切月亮神庙壁画描绘的獠牙神面（图 5.10a）[5]，杏眼，眼珠突出，大鼻头，口里露出大獠牙和两排平齿，佩圆形耳饰，四周有卷须。秘鲁兰巴耶克锡潘莫切王墓出土有一副金面具，包含一对眼睛、鼻盖和牙齿。其中金鼻盖上錾刻獠牙神面（图 5.10b）[6]，方脸，杏眼，双排平齿和四颗大獠牙，佩耳饰，

---

1 美国大都会艺术博物馆官网上该文物网址：https://www.metmuseum.org/art/collection/search/316717。

2 美国大都会艺术博物馆官网上该文物网址：https://www.metmuseum.org/art/collection/search/315784。

3 美国大都会艺术博物馆官网上该文物网址：https://www.metmuseum.org/art/collection/search/308521?pos=9。

4 图中的文物为湖南省博物馆"秘鲁古代文明展——探寻印加帝国的源流"展品，a—d、f 为秘鲁拉鲁克博物馆藏品，e 为秘鲁拉斯哈卡斯神殿群博物馆藏品。

5 （意）卡罗琳娜·奥尔西尼编著，赖海清译：《太阳之子的印加》，第 39 页，光明日报出版社，2013 年。

6 （意）阿尔贝托·西廖蒂主编，王俊逸译：《尘封的盛世：探寻古代文明的无价宝藏》，第 411 页，华中科技大学出版社，2019 年。

图 5.9 莫切陶塑容器上的獠牙神面造像

图 5.10 莫切壁画和金属饰品上的獠牙神面像

戴高冠。秘鲁北部皮乌拉河谷比库斯附近的内格拉墓地出土的莫切银铜合金面具（图5.10c）[1]上的神面戴冠，半圆形眼，四颗咬合的大獠牙和两排平齿，獠牙和平齿为贝壳镶嵌而成。

4. 瓦里獠牙神面

瓦里帝国时期，獠牙神面的数量骤减，形式也趋于简单。纳斯卡帕切科遗址出土的瓦里大平底陶杯的腹中部一侧向外凸起的獠牙神面（图5.11）[2]，其嘴里有四颗呈三角形的小獠牙，远不及查文和莫切神面口中的獠牙大。

5. 西坎獠牙神面

西坎獠牙神面大多出现在西坎金杯和银杯上。西坎黄金杯（图5.12）[3]上捶揲的獠牙神面拥有四颗上下交错的獠牙，从其眼角上扬的梭形眼可知，这是西坎神人。西坎神人的獠牙与瓦里神人的獠牙相似，獠牙不大，但锋利。

图5.11 瓦里大平底陶杯上的獠牙神面

图5.12 西坎獠牙神面纹金杯

6. 契穆獠牙神面

契穆獠牙神面的数量少，造像单一。如契穆马镫口陶瓶（图5.13）[4]，造型为獠牙神面，人脸，头戴半月形冠，口中四颗硕大獠牙，佩圆形耳饰，蟹身，与莫切陶塑容器上的獠牙神面相似。

1　美国大都会艺术博物馆官网上该文物网址：https://www.metmuseum.org/art/collection/search/314340。

2　此图由秘鲁国家考古学人类学历史学博物馆提供，图中的文物为湖南省博物馆"秘鲁古代文明展——探寻印加帝国的源流"展品。

3　此图由秘鲁拉鲁克博物馆提供，图中的文物为湖南省博物馆"秘鲁古代文明展——探寻印加帝国的源流"展品。

4　美国大都会艺术博物馆官网上该文物网址：https://www.metmuseum.org/art/collection/search/310205。

综上所述,秘鲁古代獠牙神面最早见于查文文化。查文主神形象为人面、獠牙、蛇发、鹰爪。这一标准化形象在查文时期传播到秘鲁安第斯山区和沿海地区，并对后世产生深远影响。查文獠牙神面被莫切、瓦里、西坎、契穆所继承。正如美国学者艾伦·索耶所述：查文主神的形象几乎没有发生过太大的变化而成为莫切及其继承者西坎、契穆的主神。[1]

图 5.13 契穆马镫口陶瓶

（二）獠牙神面是萨满教的产物

查文·德万塔尔神庙主神殿的外墙上记录了獠牙神面由人面演变为獠牙神面的过程。这个过程反映了獠牙神面是由巫师在致幻剂的作用下转化的形态，与萨满教相关。

查文·德万塔尔神庙出土的石雕头像有皱纹突显的常人头像[2]、眼睛暴突流鼻涕的人头像[3]和蛇发獠牙神面头像（图 5.4b）等。它们原本是被固定在神庙主神殿外墙墙体上的，现在仍存有石雕头像保留在西墙原位上。[4]也就是说这些石雕头像本是在主神殿高大的墙体上，向朝拜者展示萨满教巫师从人脸逐渐变成拥有美洲虎獠牙的查文神面的过程（图 5.14）[5]，即巫师转化为神人的过程。

图 5.14 查文·德万塔尔神庙石雕头像展示了巫师由人面转化为獠牙神面的过程

1　Alan R. Sawyer: *Ancient Peruvian Ceramics the Nathan Cummings Collection* , New York Graphic Society, 1966,p.52.

2　赵鸥编：《安第斯文明特展：探寻印加帝国的起源》，第 12 页，文物出版社，2019 年。

3　（美）戴尔·布朗主编，陈雪松译：《安第斯之谜：寻找黄金国》，第 52 页，广西人民出版社，2002 年。

4　Richard Burger L.: *Chavin de Huantar and Its Sphere of Influence, The Handbook of South American Archaeology*, edited by Helaine Silverman and William H.Isbell, Springer (2008), Chapter 35,p.689.

5　陈锐制图。

　　巫师转化成獠牙神面的模样需要借助致幻剂。雕刻石板上或手握圣佩德罗仙人掌（图5.4c）或立于阿拉豆荚下（图5.4d）的查文神人图像表明了致幻剂的来源。圣佩德罗仙人掌和阿拉豆是秘鲁常见植物，这些植物含有的生物碱可使人产生幻觉，但需要反复碾磨才能提取出其中的致幻物质。在帕科帕姆帕遗址的祭祀区域出土了一套精美的查文小型石臼杵。[1] 石臼和石杵上不仅有明显的碾磨痕迹，而且其上雕刻的纹饰带有浓郁的萨满教特色：石杵，锥形，似蛇，杵头为美洲虎头；石臼，近似圆形，为艺术化的美洲虎形象，口里的獠牙异常突出。

　　巫师服用或吸食致幻剂后，转化为獠牙神面形象，具有人面、獠牙、蛇发和鹰爪等神人的特征。这样，巫师便拥有猛禽的飞行力、美洲虎的神力和蛇的入地能力，可沟通上、中、下三界。

　　萨满教信仰体系中有天地柱，是巫师沟通天地的通道。查文·德万塔尔神庙的地下回廊中矗立的雕刻石柱（图5.4a）是秘鲁古代萨满教信仰里的天地柱。在其所处的地下廊道中精心放置了一面煤精镜子。镜子将来自外面的光反射到地下走廊中，照亮石柱上的查文神人，使其让朝拜者可见。在神庙的一个小走廊里出土了20个完整的贝壳小号。巫师利用地下廊道，再借助贝壳小号，便能巧妙地控制声音，似乎天地柱上通神的巫师在与天地交流。

　　獠牙神面历经了产生、发展和消亡的过程。秘鲁獠牙神面产生和兴盛于查文时期，繁荣于莫切时期，进入瓦里帝国后逐步衰落，直至印加帝国时消失不见。獠牙神面主要流行于查文至莫切这一千多年间。瓦里帝国建立后，人的意识觉醒，獠牙神面的形象更趋于以人类为原型，其数量也随之下降。印加帝国时，印加人信仰自己民族唯一的神——太阳神，獠牙神面几乎绝迹于陶器和金器等物质载体上。

　　通过以上对秘鲁各个时期獠牙神面的梳理可知，萨满教最为兴盛的时期也是獠牙神面种类最丰富的时期，獠牙神面是萨满教的产物。獠牙神面的兴盛和衰亡与萨满教的盛行和式微在时间上重叠，不是偶然，而是必然。这一点在秘鲁

1　赵鸥编：《安第斯文明特展：探寻印加帝国的起源》，第39页，文物出版社，2019年。

古代文明中如此，在中华文明中亦如此。

前面论述了秘鲁古代文明与华夏文明是同一祖先的后代在不同时间和不同地点产生的不同文明，两者在意识和艺术上存在一些共同之处。獠牙神面是两个文明的又一共同处。华夏文明獠牙神面的产生、发展、衰落过程及其与巫教的密切关系可佐证秘鲁獠牙神面与萨满教的关系。

华夏文明中，獠牙神面兴起和盛行于远古至殷商时期，而新石器时代晚期到殷商是中国巫术最为兴盛的时期，这一点已得到大量出土实物和研究成果的印证。中国新石器时代的兴隆洼文化、良渚文化、龙山文化、后石家河文化中都出土了獠牙神面玉石器，下面分别阐述。

内蒙古自治区赤峰市林西县白音长汗遗址出土的兴隆洼文化獠牙神面石饰（图5.15a）[1]，长5.8厘米、厚0.2—0.6厘米，椭圆形神面上刻月牙形眼，雕长方形口部和四颗獠牙凹槽，凹槽内镶嵌贝壳。背面斜向钻孔，可缝缀或穿挂。

良渚文化的玉琮、钺、璜、冠状器、三叉形器、锥形器、半圆形器和镦（权杖）等玉器上雕刻有獠牙突出的神人兽面像。[2]雕刻神人兽面像的玉器主要出土于浙江反山和瑶山贵族墓葬中。瑶山遗址发掘简报指出，神人兽面像着重表现了长方形的巨嘴及两对獠牙。[3]反山墓地发掘简报指出，良渚玉器通常雕琢的主题纹样即过去所谓的"兽面纹"实为神人兽面像的简化形式。无论是繁是简，反映的都是良渚部族崇拜的"神徽"。[4]

完整神人兽面像均出土于良渚遗址反山和瑶山的高等级贵族墓中，计26幅，

1 内蒙古自治区文物考古研究所编著：《白音长汗：新石器时代遗址发掘报告》，第304、306页，科学出版社，2004年。

2 方向明：《良渚玉器线绘》，浙江古籍出版社，2018年。又见杭州良渚遗址管理区管理委员会；浙江省文物考古研究所编著：《良渚玉器》，科学出版社，2018年。此两书中有大量獠牙神面的线图和高清照片。

3 浙江省文物考古研究所：《余杭瑶山良渚文化祭坛遗址发掘简报》（执笔：芮国耀），第47页，《文物》1988年1期。

4 浙江省文物考古研究所反山考古队：《浙江余杭反山良渚文化墓地发掘简报》（执笔：王明达），《文物》1988年10期。

其中反山 M12∶98 琮王上有 8 幅[1]。M12∶98 琮王，高 8.8 厘米，射径 17.1—17.6 厘米，孔径 4.9 厘米，重 6.5 公斤，琮王四个正面的直槽内上下各有一个完整神人兽面像（图 5.15b）。[2] 这些完整神人兽面像由人面和兽面组成。人面，头戴羽冠，双圈圆眼，宽扁鼻翼，张口露齿，平臂弯肘，五指平张，指向兽面。兽面，双圈眼，"工"字形鼻，蒜头鼻翼，阔嘴内露出平齿和两对獠牙。神人双脚简化并相交于嘴下，脚趾若鸟爪。

简化神人兽面像的数量多，以良渚遗址瑶山 M9∶4 圆琮上的神人兽面像（图 5.15c）[3] 为例。此圆琮高 4.5 厘米，射径 7.9 厘米，外壁有四个大小相同的长方形凸块，每一块均用浅浮雕手法琢出神面的目、鼻、嘴，再以阴线勾画眼珠、鼻孔和嘴内的两对獠牙。额部上端有三组羽状纹，象征神人羽冠。

湖北天门市石家河镇肖家屋脊遗址 6 号瓮棺出土了一件獠牙神面圆雕玉饰（图 5.15d）[4]，高 3.7 厘米，厚 1.4 厘米，孔直径 0.25 厘米。头像戴冠，梭形眼，宽鼻梁，蒜头鼻，口略开，露出一排四颗平齿，口两侧各有一对獠牙。头两侧似鹰，从头顶到颈下对钻一个深孔。

山东龙山文化獠牙神面纹玉牌饰（图 5.15e）[5]，高 4.2 厘米。正面为獠牙神面，嘴两侧各一对獠牙，呈两两咬合状。神人头戴高冠，佩耳饰，神面两侧似双鹰回首。背面为常人面，口张开，无獠牙，有平齿，目圆睁。

陕西长安县张家坡西周早期墓葬 M17 出土的獠牙神面纹玉牌饰（图 5.15f）[6]，高 5.2 厘米，厚 0.6 厘米，神面梭形眼，蒜头鼻，长方形口内有上下两排方齿，

1　杭州良渚遗址管理区管理委员会、浙江省文物考古研究所编著：《良渚玉器》，第 11 页，科学出版社，2018 年。

2　浙江省文物考古研究所反山考古队：《浙江余杭反山良渚文化墓地发掘简报》（执笔：王明达），《文物》1988 年 10 期。

3　浙江省文物考古研究所：《余杭瑶山良渚文化祭坛遗址发掘简报》（执笔：芮国耀），《文物》1988 年 1 期。

4　湖北省荆州博物馆、湖北省文物考古研究所和北京大学考古学系石家河考古队编著：《肖家屋脊：天门石家河考古发掘报告之一》，第 315—316 页，文物出版社，1999 年。

5　杨建芳：《论山东龙山文化及石家河文化的象生玉雕——史前玉雕文化属性（族属）研究一例》，《玉文化论丛 6》，第 10 页，众志美术出版社，2016 年。

6　中国社会科学院考古研究所沣镐工作队：《1984—85 年沣西西周遗址、墓葬发掘报告》，《考古》1987 年 1 期。

图 5.15 中国新石器时期獠牙神面
a 兴隆洼文化石饰 b 良渚文化琮王 c 良渚文化圆琮
d 石家河文化玉饰 e 山东龙山文化玉牌饰 f、g 石家河文化玉牌饰嘴角各有上下交错的一对獠牙，面颊两侧有简化鹰纹，戴耳环。其风格与石家河肖家屋脊獠牙神面类似，其制作年代为石家河文化晚期。[1]

2006 年山西省曲沃县晋侯大墓 M1 出土了一件獠牙神面纹玉牌饰（图 5.15g）[2]，通高 7 厘米，宽 4.8 厘米，厚 0.8 厘米 [3]，神面圆眼，蒜头鼻，嘴角两侧上下各一对獠牙，面颊两旁饰简化鹰纹，头戴鹰形冠，佩耳饰。其造型、纹饰、雕工与石家河肖家屋脊獠牙神面相似，其制作年代应在石家河文化晚期。[4]

我国殷商时期，玉牌饰和青铜器上的獠牙神面纹饰和造像延续了新石器时代獠牙神面的某些特点，具有人面、猛兽獠牙以及猛禽相结合的特征。2022 年三星堆 8 号祭祀坑出土商代晚期青铜祭坛上有獠牙神面造像，头戴帽冠，双眼圆睁，獠牙突出，双手放在膝盖处。该祭祀坑出土的鸟足曲身顶尊神人像亦有四颗锋利的獠牙。1989 年江西省新干县大洋洲乡商代墓葬出土玉牌饰（图 5.16a）[5]，正面有浅浮雕的獠牙神面，梭形眼，长方阔口，嘴角各有一对钩状獠牙，头戴羽冠，佩耳饰，神面两侧为双鹰回首。该墓还出土了一件青铜头像（图 5.16b）[6]，

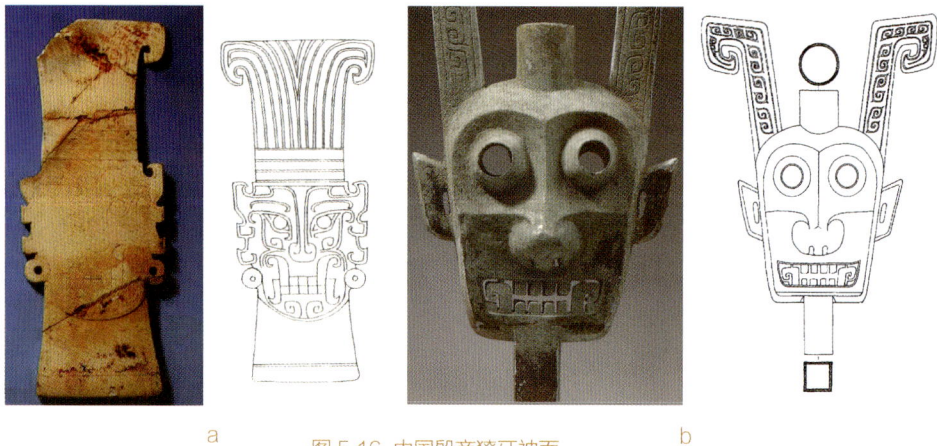

a   b

图 5.16 中国殷商獠牙神面
a 商代玉牌饰 b 商代青铜头像

1　林继来：《论晋南曲沃羊舍村出土的史前玉神面》，《考古与文物》2009 年 2 期。
2　林继来、马金花：《论晋南曲沃羊舍村出土的史前玉神面》，《考古与文物》2009 年 2 期。
3　国家文物局主编：《2006 中国重要考古发现》，第 72 页，文物出版社，2007 年。
4　林继来、马金花：《论晋南曲沃羊舍村出土的史前玉神面》，《考古与文物》2009 年 2 期。
5　中国玉器全集编辑委员会：《中国玉器全集 2 商·西周》，第 265 页，河北美术出版社，1993 年。
6　江西省博物馆、江西省文物考古研究所、新干县博物馆：《新干商代大墓》，第 131—132 页，文物出版社，1997 年。

其口部两侧各有一颗下獠牙上翘，牙尖外卷，两排方齿。

汉代以后，獠牙神面进入衰退期，数量减少，分布范围大大缩小，承载獠牙神面的材质不再是珍贵的玉石和青铜。湘西和湘西南墓葬出土的滑石面具，类人面，似兽面，带獠牙，其状狰狞，为镇墓驱邪之用。四川、重庆出土的汉代獠牙人面陶面具、河南南阳出土的汉代獠牙人面陶俑[1]以及唐三彩中的獠牙人面陶俑，都是镇墓驱邪之物，与湖南滑石面具一样均为明器。

随后，獠牙神面以傩面具的形式一直保留在巫傩仪式中，并流传至今。巫傩仪式本是一种具有萨满教性质的原始宗教仪式，后来吸收了民间歌舞和戏剧元素走向戏剧化，被称为傩戏。傩面是傩仪、傩舞和傩戏中的重要道具，大部分傩面上都饰以獠牙，傩面多由木头雕刻而成。目前，我国湖南、江西、安徽、贵州和云南等20多个省市和自治区都有巫傩仪式。[2]仪式上，傩师戴着傩面具跳傩舞、演傩戏来驱邪、避灾、祈福和祭祖。"祖先、傩神、傩师"三位一体的巫傩模式一直延续至今，傩面成为巫傩文化的象征符号之一。

中国远古至殷商时期文明具有鲜明的萨满教特征。这一时期的华夏文明有个重要观念，即世界分为不同层次，其中主要的是"天"和"地"。不同层次之间的关系不是严密隔绝和彼此不相往来的。中国古代许多仪式、宗教思想和行为的重要任务便是沟通世界的不同层次。巫、觋承担了这一沟通任务。[3]

良渚社会的精神生活是由巫术为主要形式的宗教主导的，良渚神人兽面像是巫觋的图像。[4]各种形态的神人兽面像应是巫师沟通天地神人时呈现出来的不同面像。巫师在迷幻物的作用下进行了魔术性转化：单独神人纹应是巫师转形前的形象；单独兽面纹和简化神人兽面像是转形中的形态；完整神人兽面像是巫师转化的最终形态，即神人的形态。良渚玉琮、钺、冠状器等玉器上雕刻的完整神人兽面像，拥有人的形态、兽的獠牙、鸟的爪子，呈现的是良渚最高神的形态。

1　李桂阁：《南阳地区东汉墓出土陶塑镇墓兽》，《中国国家博物馆馆刊》2015年第12期。
2　刘兵：《梅山傩面艺术特征探究》，《民族文艺》2018年第5期。
3　张光直：《中国古代史在世界史上的重要性》，《考古学专题六讲》，第2页，文物出版社，1986年。
4　陈雍：《解读良渚文明：中国早期国家形态特征及其研究路径》，《南方文物》2021年第1期。

萨满教中巫师沟通天地的中央柱是玉琮。玉琮是良渚文化中最具代表性的玉器，象征神权。[1] 玉琮体现了萨满式天地宇宙观，琮的方、圆表示地和天，中间的穿孔表示天地之间的沟通渠道。[2] 良渚玉琮上雕刻的神人兽面像最多。这些神人兽面像可被理解为巫师转化为神人在天地柱上沟通天地。

华夏文明里，巫师转化亦需致幻剂，极有可能借助的是大麻或酒类物质。大麻中含有大麻酚，对人的精神和生理产生活性作用，具有迷幻效果，巫师应服用了大麻。据考古发现，我国新石器时代不少遗址中确有发现炭化大麻种子。甘肃东乡县林家马家窑文化遗址 8 号房子里的两个陶罐内发现大麻种子。[3] 河南郑州大河村遗址出土仰韶文化时期的大麻种子。[4] 青海民和县喇家齐家文化遗址出土大麻属炭化籽粒 32 粒。[5] 内蒙古二道井子夏家店下层文化聚落遗址出土大麻 3 粒。[6] 此外，商代青铜器中的酒具数量多，种类丰富，且以各种兽面纹为饰，这可能与巫师通过饮酒而入幻境、沟通神灵有关联。

通过以上论述可知，华夏文明新石器时代和商周时期的獠牙神面呈现的是神人的形象，或者说是巫师在幻境中通神的模样。华夏文明獠牙神面的产生、发展、衰落的过程与巫教从兴盛到衰落的过程完全吻合，有力证实了獠牙神面是萨满教的产物，是萨满教的内核。

在萨满教社会，主持重大祭祀的大萨满是政治领袖王本人。这一点在秘鲁古代文明和华夏史前至商代文明中高度相似。秘鲁兰巴耶克锡潘出土的莫切王全身穿戴的服饰、头饰和象征权利的装饰物与莫切陶瓶塑造和描绘的大巫师完全相同，表明莫切王也是莫切的大巫师。我国殷商时期，国之大事，在祀与戎。

1   张忠培：《良渚文化的年代和其所处社会阶段——五千年中国进入文明的一个例证》，《文物》1995 年第 5 期。

2   张光直：《中国古代史在世界史上的重要性》，《考古学专题六讲》，第 10 页，文物出版社，1986 年。

3   西北师范学院植物研究所、甘肃省博物馆：《甘肃东乡林家马家窑文化遗址出土的稷和大麻》（执笔：王庆瑞、郭德勇），《考古》1984 年 7 期。

4   香港树仁学院编著：《农业的起源和发展》，第 30 页，南京大学出版社，1996 年。

5   张晨：《青海民和喇家遗址浮选植物遗存分析》，西北大学硕士学位论文，2013 年。

6   孙永刚等：《内蒙古二道井子遗址 2009 年度浮选结果分析报告》，《农业考古》2014 年第 6 期。

除了战争，祭祀活动就是最重要的政治活动。商代的统治阶级也称为通天阶级，包括有通天本事的巫觋和拥有通天手段的王。商王是政治领袖，同时也是群巫之长。[1]

综上所述，关于獠牙神面与萨满教社会，秘鲁古代器物中有丰富的图像和造型，华夏文明则有物质文明材料、文献资料以及考古研究成果，两个文明存在共通之处，可互为借鉴。

二、萨满祭祀活动

秘鲁古陶器保留了大量萨满教祭祀活动情景，有各种献祭、娱神和祭祖的画面、造型和堆塑场景。这些秘鲁古陶器对于研究萨满教及其仪式活动，乃至于萨满教式的人类古代文明具有极高的史料价值和研究价值。

（一）献祭

通过陶器上展示的古代秘鲁祭祀活动，结合其他材料所蕴含的祭祀信息，可知古代秘鲁不同时期和不同区域献祭的祭品、祭祀的神灵和献祭的方式有所不同。同一时期同一地区献祭仪式也有等级之分。

1. 南部地区帕拉卡斯文化至纳斯卡文化时期

帕拉卡斯和纳斯卡陶器上描绘了大量人类首级纹、提着人类首级的巫师、接受献祭的各种神灵和神怪的画面，同时也有人类首级造型的陶塑容器（图2.16）。纳斯卡文化遗址出土的人类首级（图2.17）与陶器首级形象和造型相对应。这反映出人类首级是帕拉卡斯文化至纳斯卡文化时期最为重要的祭品。

纳斯卡陶器描绘了纳斯卡人献祭的对象，有秃鹰（图2.36）、神鸟（图2.50）、虎鲸（图2.3、图2.37）、海洋霸主虎鲸与陆地之王美洲虎相结合的神怪、美洲虎与秃鹰相结合的神怪（图2.47）、人首双身神怪（图2.48）等。在陶器上大量出现神灵和神怪携带人类首级供品的彩绘画面，有的画面展现了神怪正享用祭品，吞噬首级。

---

1 陈梦家：《商代的神话与巫术》，《燕京学报》第二十期，第535页，1936年。

　　帕拉卡斯陶碗内描绘有巫师手提首级飞升的画面（图 1.30b）。帕拉卡斯和纳斯卡纺织品上绣了不少巫师转换成动物神灵和超自然生物体的神怪形态。纺织品中绣的巫师转化身份时所佩戴之物，与陶器上神怪所佩戴的头饰、面罩以及携带的首级相同。下面举数例分述之：

　　转化为美洲虎形象的巫师（图 5.17a）[1]，头上戴冠，冠两侧有流苏，流苏上缝缀圆形饰片，佩半截面罩，虎尾壮实，足为鹰爪，双手擒住首级的发辫，伸出长舌，舔舐首级颈部。

　　转化为飞鸟形态的巫师（图 5.17bc）[2]，戴头冠，佩半截面罩，双翅大张，人身，人腿，鸟爪，携带首级。有的首级在翅膀里，有的首级在鸟爪上，与纳斯卡神怪纹陶瓶上描绘的情形相似。

　　转化为虎鲸形态的巫师，身上穿着虎鲸形的斗篷，两旁有鱼形佩饰，右手提着一个首级（图 5.17d）[3]。巫师提首级的姿势与陶器上描绘的虎鲸提首级画面相同。

　　转化为超自然生物体的巫师为人首或兽首、蛇发、人身、鸟爪等多种生物的结合体，或口衔首级施展巫术飞行（图 5.17e）[4]，或手提首级呈站立姿态（图 5.17f）[5]。

　　通过研究巫师转变的各种形态，可推断巫师的转化除了借助致幻剂，还需依靠服饰和道具上的装扮，理由有二。其一，刺绣图案中无论巫师如何转化，其躯体为人体。其二，陶器和刺绣上的巫师和神灵头上戴的冠饰和面部的半截面罩都有实物出土，证明了巫师转化形态所需的饰品都是人造的，用于佩戴之物。巫师和神灵戴得最多的冠饰为横向窄式扁冠，冠的中间通常有一个动物头（图 5.17），有的眼睛、鼻子、嘴巴和牙齿都绣得特别清晰（图 5.17c）。秘鲁南部

1　（美）戴尔·布朗主编，陈雪松译：《安第斯之谜：寻找黄金国》，第 183 页，广西人民出版社，2002 年。

2　（美）戴尔·布朗主编，陈雪松译：《安第斯之谜：寻找黄金国》，第 159 页，广西人民出版社，2002 年。

3　（美）戴尔·布朗主编，陈雪松译：《安第斯之谜：寻找黄金国》，第 188 页，广西人民出版社，2002 年。

4　美国大都会艺术博物馆官网上该文物网址：https://www.metmuseum.org/art/collection/search/307851。

5　此图由陈锐拍摄，图中的文物为湖南省博物馆"秘鲁古代文明展——探寻印加帝国的源流"展品，秘鲁国家考古学人类学历史学博物馆藏品。

图 5.17 转化为各种神灵的巫师形象
a 美洲虎形象 bc 飞鸟形态 d 虎鲸形态 e 巫术飞行 f 站立姿态

地区也出土过类似的头饰实物（图 5.18）[1]。头饰中间部分由狐狸头皮制作而成，狐狸头皮上保留了狐狸鼻子和牙齿，眼睛和胡须是用绿色和橘黄色的羽毛贴成的。头饰两侧部分用金刚鹦鹉羽毛和其他鸟羽做成。狐皮和羽毛的黏接材料为当地所产的树脂。

帕拉卡斯和纳斯卡的巫师和神灵戴的半截面罩在帕拉卡斯刺绣的巫师形象（图 5.17c）上亦可见。这种面罩仅罩住口部周围，其装饰物再往两旁延伸数根，作为对称的胡须。纳斯卡陶器描绘的神灵多戴这种面罩，有纳斯卡神怪纹（图 2.47）、纳斯卡人首双身神怪纹（图 2.48）和纳斯卡水神纹（图 2.49）等。纳斯

1　（美）戴尔·布朗主编，陈雪松译：《安第斯之谜：寻找黄金国》，第 154—155 页，广西人民出版社，2002 年。

卡地区有类似的金薄片捶揲而成的面罩（图 5.19）[1] 出土。可见，陶器上所画的冠饰和面罩为真实物件。

萨满教献祭活动是一种有求于神的祭祀行为。纳斯卡陶杯描绘的水神图（图 2.49）表达了求神降雨得到灵验的场面。画面中，水神张开大嘴，水流和青蛙从其口中源源不断地涌出，滋养万物。这片土地降水稀少，异常干旱，举办求雨祭祀仪式是萨满最为重要的一项巫术活动。

图 5.18 帕拉卡斯和纳斯卡风格头饰   图 5.19 帕拉卡斯和纳斯卡风格金面罩

2. 秘鲁北部莫切文化时期

莫切陶器上有大量绘画，其中有对献祭情景的描绘。秘鲁拉鲁克博物馆藏的一件马镫口陶瓶描绘了众巫师献祭的场面（图 5.20）[2]。画面被一条双头蛇从中间分为上下两部分。下部分描绘了一名莫切武士割战俘颈部，一名巫师取血，血从战俘颈脖处喷涌而出的情景。上部分描绘众巫师各司其职，开展献祭仪式。

献祭画面中，莫切巫师身着圆形金片为饰的华服，头戴帽与冠。这些巫师所穿服饰略有不同，个头高矮有别，反映了莫切巫师有等级之分。有的巫师背上有翅膀，有的巫师专司取战俘鲜血，有的巫师手握喇叭口高足碗，碗中盛鲜血。众巫师中，级别最高的是左边的大巫师。画面中的其他三个巫师都恭敬地望向大巫师，并将祭祀用器和献祭所需的鲜血递送给他。锡潘出土的莫切王身上的服饰和佩戴的大杜米刀与画面中的大巫师高度相似。

巫师祭祀时，不论是画面的上部分还是下部分的场景里，都有穿着武士服饰

1　（美）戴尔·布朗主编，陈雪松译：《安第斯之谜：寻找黄金国》，第 172 页，广西人民出版社，2002 年。
2　此图由赵鸥博士提供。

图 5.20 莫切众巫师祭祀图

的武士相伴。这表明莫切武士参与祭祀活动，武士可承担巫师之职，属于统治阶层。莫切大巫师与莫切最高级武士可能是同一人。这个人掌握着莫切的神权、政权和军权，行使大巫师、国王和最高军事统帅之职。

莫切马镫口陶瓶描绘有大量奔跑者的画面。大部分奔跑者是武士形象（图5.21）[1]，也有人类与鸟类、蜥蜴、蜈蚣、蛇、蝎和蝙蝠相结合的形象。武士通常戴着复杂华丽的帽冠，身穿缠腰布或短裙，腰间系一条醒目的腰带，穿护膝，脚蹬长筒靴。他们在山间小路上、在沙漠中大步奔跑。这些穿着盛装的奔跑者都保持着一致的姿势——一手紧握袋口，恭敬向前伸出。小袋里装着植物的种子。此外，镶嵌绿松石、青金石等珍贵材质的华贵耳饰（图5.22）[2]上亦有奔跑者形象。从服饰上判断，奔跑者的身份是武士，亦是巫师。他们正在进行一项献祭活动，可能是将植物种子献祭给太阳神，祈求丰收。

莫切陶器造型极其丰富，其中有不少献祭场景的陶塑容器，最为突出的是祭山和祭海。献祭山神场景的陶塑容器数量多，山峰的形态不一，有五山相连的，有四山相连的，有三山相连的，也有一座山峰的，其中最常见的是五山相连的山峰。献祭山神的仪式活动在山峰和山谷间举行。莫切五山形祭祀场景马镫口陶瓶（图5.23a）[3]的造型为五山相连，一名巫师正端坐于山谷平地，主持祭山仪式。

1　（美）戴尔·布朗主编，陈雪松译：《安第斯之谜：寻找黄金国》，第138—139页，广西人民出版社，2002年。

2　美国大都会艺术博物馆官网上该文物网址：https://www.metmuseum.org/art/collection/search/309427。

3　（意）卡罗琳娜·奥尔西尼编著，赖海清译：《太阳之子的印加》，第18页，光明日报出版社，2013年。

图 5.21 莫切武士奔跑献祭图

图 5.22 莫切镶嵌奔跑者纹耳饰

a

b

图 5.23 莫切祭山场景马镫口陶瓶

一个献祭者背朝天挂于山巅，血从山顶流出，浸润山体；其他献祭者有的准备跳崖，有的正在坠落中，有的已落地作朝天状。莫切四山形祭祀场景马镫口陶瓶（图 5.23b）[1] 的造型为四山相连，中间两座山峰高于两侧的山峰。巫师立于两山之间，头戴金黄色钺形冠，佩圆形金黄色耳饰，口中四颗獠牙突出，双手合十，身体前倾，向山神祈求降雨。献给山神的祭品是一个被捆绑的裸体俘虏和一个背包袱的莫切人，分别位于巫师左右两侧，战俘两眼凸出，莫切人双眼微闭，一男一女，一个惊恐一个淡然，准备献身。

秘鲁陶塑容器造型里亦有献祭海神的祭祀场景。秘鲁有 2000 多千米海岸线。海洋资源是秘鲁古人生存和生活的重要物资来源。他们出海捕鱼、虾、蟹、海豹等以获取食物，也获取海螺、凤螺和海菊蛤等珍贵之物作为巫术活动中的法器和献给神灵的祭品。大海神秘，变化莫测，让出海捕捞充满危险。故古代秘鲁人常祭祀海洋中的各种神灵，祈祷神灵

1 （美）戴尔·布朗主编，陈雪松译：《安第斯之谜：寻找黄金国》，第 93 页，广西人民出版社，2002 年。

庇护。莫切祭海场景马镫口陶瓶（图 5.24）[1]生动
再现了秘鲁古人献祭海洋神灵的景象。巫师转化为
神的形象，头戴鹰头冠，口里獠牙突出，腰间系双
头蛇腰带，他正在观察海浪卷祭品的场面。浪尖卷
走了一个献祭者，还有两个献祭者即将卷入大浪中。
献给海洋神灵的祭品应是用秘鲁传统芦苇船运至大
海的，有马镫口陶瓶塑造了运祭品的场景。如船形
马镫口陶瓶（图 2.71），塑造了一位莫切巫师带着
一名侍从，载着两个被捆绑的战俘，划向大海。这
两名战俘便是献祭给海洋神灵的祭品。

图 5.24 莫切祭海场景马镫口陶瓶

　　概而论之，山中和海洋的神灵是古秘鲁人一直敬畏和崇拜的对象，从查文至
印加，各个时期各个地区都祭山和祭海。用人来祭祀规格最高，南部地区用人
类首级，北部用活人和人血。除了人祭，在祭祀仪式上亦献祭羊驼、玉米酒、
食物以及漂亮的海螺、海贝等祭品。此外，古秘鲁有向神灵献祭器的习俗。查
文人有在祭祀仪式结束时，将祭器随流水献给神的习俗。瓦里帝国将祭祀器具
全部砸碎再掩埋献给神灵，与我国四川广汉三星堆文化毁坏并掩埋青铜器于祭
祀坑的做法类似。虽然秘鲁与中国相隔数万里，然而毁坏祭祀器物并掩埋的宗
教仪式和目的却非常相似。古代秘鲁印第安人献祭的神灵各种各样，有南部地
区的虎鲸神、秃鹰神、超自然生物体神、水神，北部地区的山神、海神、蟹神、
斩首神、玉米神、木薯神和南瓜神等，处处体现了萨满教万物有灵的观念。

（二）娱神

　　从秘鲁古陶器上，我们可看到萨满教祭祀活动中愉悦神灵的方式。舞蹈和音
乐是最为重要的娱神方式，并且往往两者相结合娱神，其目的是求神降雨祛灾，
谢神赐予丰收。

　　纳斯卡舞蹈纹彩陶杯（图 2.45），外壁描绘了 11 个舞蹈者。他们整齐划一

1　（美）戴尔·布朗主编，陈雪松译：《安第斯之谜：寻找黄金国》，第 137 页，广西人民出版社，2002 年。

地跳着集体舞，画面质朴，透出原始气息，与我国新石器时代马家窑文化彩陶盆上描绘的舞蹈纹颇为相似。青海省海南藏族自治州同德县巴沟乡出土的舞蹈纹彩陶盆（图 5.25a）[1]，内壁绘有两组人物舞蹈图，每组以几何纹间隔。一组绘 11 人，另一组 13 人，舞蹈者戴头饰，穿灯笼形短裙，拉手摆动而舞。另一件藏于中国国家博物馆的马家窑文化舞蹈纹彩陶盆（图 5.25b）[2]，内壁饰三组舞蹈人物，组与组之间间隔辅纹。舞蹈者，扎辫子，手拉手，步调一致，随节奏而舞。这种集体舞表达的含义丰富，或是狩猎丰收的喜悦，或是天降甘露的惊喜，或是祛除灾难的兴奋。这都应与谢神和求神相关。古秘鲁没有文字和文献记载舞蹈与萨满教是否有关，但是中国文献典籍丰富、史前研究成果丰硕，从中可找到大量舞蹈娱神等与巫术活动相关的史料和研究成果。甲骨文中，"巫"作"王"或同"舞"字，较多见。[3]《周礼》记载："若国大旱，则帅巫而舞雩。国有大灾，则帅巫而造巫恒。"[4]民间有苗族祭、舞相连的传统。[5]殷商的甲骨文、西周的文献以及民间传统习俗都表明舞与巫、舞与祭祀紧密相关。上文已论证秘鲁查文至莫切、纳斯卡时期和我国殷商时期都属于典型的萨满文明。因而，中国的甲骨和典籍记载可佐证秘鲁古代文明中舞蹈与萨满教相关，是求雨、避灾和祈福的娱神祭祀活动。

秘鲁有排箫、鼓、笛、号等陶质古乐器。莫切陶号（图 2.67）上贴塑有武士巫师形象，他盛装扮相，戴半月形冠，冠中间饰鸦头装饰物，佩鼻饰、耳饰和项链，手持权杖和圆盾，表明

a

b

图 5.25 马家窑文化舞蹈纹彩陶盆

1 首都博物馆编：《中国记忆——五千年文明瑰宝》，第18页，文物出版社，2008年。
2 中国国家博物馆编：《中华文明：古代中国陈列文物精粹萃》，第68页，中国社会科学出版社，2010年。
3 李泽厚：《由巫到礼 释礼归仁》，第10页，生活·读书·新知三联书店，2015年。
4 徐正英、常佩雨译注：《周礼》，第546页，中华书局，2014年。
5 李泽厚：《由巫到礼 释礼归仁》，第10页，生活·读书·新知三联书店，2015年。

这件号应与巫师祭祀活动有关。

秘鲁有巫师吹奏乐器造型的古陶器。如库比斯尼克吹笛男子陶塑（图 1.10），他大眼睛，鹰钩鼻，下眼睑处刻两根线条，面部涂有黑彩，表情庄严，目视前方；脖上佩戴饰品，腰间束宽带，带结于腰前，带上戳印圆圈纹；手腕上刻有四道线痕，表示戴有腕饰。通过妆容和饰品可知吹笛人是一名有身份地位的人，应是一名库比斯尼克巫师。又如莫切吹笛人形马镫口陶瓶（图 2.68）所塑造的也是表情肃穆的吹笛人。吹笛人的帽饰、耳饰、项链、手镯、护膝上有珍贵的镶嵌物，可知他是莫切上层社会成员。

人类早期文明中的音乐几乎都与祭祀活动有关，笛子是人类最早发明的乐器之一，常与祭祀仪式相关联。秘鲁卡拉尔祭祀遗址里出土了秘鲁最早的乐器——骨笛，长 16.4 厘米，为鹰骨制作的笛子，上面雕刻着动物纹，有猴纹（图 5.26）[1]和鸟纹等。我国迄今出土的最早的乐器实物是河南舞阳贾湖遗址出土的骨笛（图 5.27）[2]，为鹤骨制作，也是宗教祭祀时所用乐器。秘鲁和中国出土的最早乐器都是骨笛，这不是一种巧合和偶然，而是人类文明发展进程中的必然。

秘鲁陶器中有可发出各种声音的陶器——发声陶瓶。发声陶瓶贯穿整个秘鲁古陶器发展史。秘鲁陶器形成与发展期的发声陶瓶为双流提梁陶瓶，其中一个流管上安置动物头，头上有气孔（图 1.24 d、图 1.29a）。发声陶瓶逐步演变为双室相连的双陶瓶造型，其中一个陶瓶的顶端，常为人物和动物头部，上有孔洞。孔洞形态不一，有圆形的和竖条形的，大小亦有所不同，这些孔洞是陶瓶发声的音孔。加伊纳索双室连体发声陶瓶（图 2.79a）塑造了一位吹排箫的乐者，吹排箫者表情严肃，应是一位拥有祭祀特权的贵族阶层成员。当陶瓶发出声音时，

图 5.26　秘鲁卡拉尔遗址出土猴纹骨笛　　　　　图 5.27　河南贾湖遗址出土骨笛

1　中国国家博物馆编：《失落的经典：印加人及其祖先珍宝精粹》，第 43 页，中国社会科学出版社，2006 年。
2　首都博物馆编：《中国记忆——五千年文明瑰宝》，第 7 页，文物出版社，2008 年。

好似是这位乐者吹奏的声音。瓦里双室连体发声陶瓶（图3.13），塑造了一名头戴四角帽的瓦里贵族正手捧海贝作献祭状。由此可知，发声陶瓶是一种造型特殊的仪式用乐器。

（三）祭祖

秘鲁古陶器塑造了祭祖仪式场景。祭祖是萨满教重要的祭祀活动之一，古秘鲁人通过祭祀祖先，寻求祖先庇佑，赐福子孙后代。

雷瓜伊陶器塑造了祭拜祖先的场景（图5.28）[1]。在瓶体圆形平面正中塑造了一位个头较大的人物，他头戴兽形帽冠，佩精致圆形耳饰，身穿花纹衫，端坐在中间，身边围绕着一圈个子矮小的人，他们手持杯面向大人物。这个大人物应是氏族的祖先，因为古代秘鲁一直有将部族英雄人物制成木乃伊，并供奉木乃伊的传统。英雄人物木乃伊时常被抬出来，供人瞻仰，人们向其献祭贡品，祈福祛灾。英雄人物木乃伊呈坐姿，被精美裹尸布包裹，再在木乃伊上安置一个假头，如同真人一般，个头却比真人大很多（图5.29）[2]。

契穆双室陶瓶（图3.40）的长方体瓶腹上堆塑了祭祀祖先的场景。其上现存九个人物，一大八小。大人物头戴扇形帽冠，脖上佩有一串珠饰，面带微笑，

图5.28 雷瓜伊祭拜祖先场景陶瓶

图5.29 秘鲁木乃伊

1　此图由湖南博物院潘勇研究员提供。
2　此图由陈锐拍摄，图中的文物为湖南省博物馆"秘鲁古代文明展——探寻印加帝国的源流"展品，秘鲁中央银行附属博物馆藏品。

a   b

图 5.30 契穆双室陶瓶上堆塑的祭祀祖先场景

双目有神，似在观看眼前景象（图 5.30a）[1]。这个大人物是祭祀的对象，其形象不像莫切神灵、巫师或武士，应是祖先。其他八人个个神情愉悦，或唱歌，或跳舞，或击鼓，或抱壶，或坐在陶罐前准备献祭酒和食物（图 5.30b）[2]。由此可知，古秘鲁人重视祭祖，热衷祈求祖先的保佑。

纵观秘鲁古陶器发展史以及古陶器造型、纹饰演变过程，结合秘鲁古代其他相关物质文明资料，可将秘鲁古代史划分为两个大的发展阶段。第一阶段，从查文到莫切－纳斯卡时期，为神权统治阶段。萨满教对社会及社会结构影响极大，深入到社会生产生活的各个方面。这一时期，统治者以巫术统治和治理国家，国家大事，在祀在戎。反映在陶器上，便是我们看到的搏杀、战斗和人祭场景。第二阶段，从瓦里帝国至印加帝国时期，为王权统治阶段。这一阶段，人作为社会主体的意识开始觉醒，王权日益上升，逐步取代神权。表现在陶器上则是神灵形象趋向单一化，神更像人。虽神权跌落，但王权和神权相结合始终贯穿整个帝国时期。

---

1 此图由陈锐拍摄，图中的文物为湖南省博物馆"秘鲁古代文明展——探寻印加帝国的源流"展品，秘鲁拉鲁克博物馆藏品。

2 同上。

第六章

秘鲁陶器
与日常生活

秘鲁古代陶塑容器数量庞大，造型丰富，写实传神。陶工不仅用造像记录了秘鲁古人日常生活的场景，也用彩料描绘了他们的生活画卷。秘鲁古陶器反映出的日常生活信息让我们从中知晓秘鲁古人的生活片段。我们将这些点点滴滴的信息加以整理、分析和研究，得到秘鲁古人衣食住行方面较为完整和连贯的认知，从而展现他们的生活日常。

第一节　陶器与服饰

服饰，遮羞蔽体，保暖美观，彰显社会地位和身份等级，具有礼仪功能。秘鲁古陶器描绘的服饰多为统治阶层的服饰。服饰种类有帽冠、耳饰、项饰、面罩、套头衫、短袍、长袍、腰带、披风、披肩、遮羞布、遮羞短裤、护膝、长筒袜和长靴等。其中，式样最丰富的是套头衫和帽冠。

一、套头衫与装束

套头衫为两块布料于边沿处缝合，于中间部位留一小开口，供套头之用，故名套头衫。秘鲁古陶塑呈现的套头衫款式丰富：有长款，也有短款；有长袖款，有短袖款，亦有无袖款；有素雅无纹的，有几何花纹的，也有各种刺绣纹样的；有的腰间系带，有的无需系带。从古陶器的造型和纹饰上看，套头衫是秘鲁传统衣衫，下面按照时代早晚具述之。

（一）纳斯卡文化套头衫及装束

纳斯卡武士形提梁彩陶瓶（图 2.7）上的武士身穿无袖套头衫，套头衫上系红

色腰带，系结于身后（图6.1）[1]，下着遮羞布。武
士双眼被涂绘成飞鸟形象，蓄短须，手臂上刺燕子
纹身。右手持两个飞镖，左手拿着飞镖投射器，使
用时飞镖被固定在投射器一端的钩子上，这种器具
可使飞镖比用手投掷得更远更准。飞镖及其投射器
是古代秘鲁武士常用武器。

图6.1 武士腰间系带

　　纳斯卡女子形彩陶瓶（图2.12），塑造的女子
裹着头巾，露出齐刘海，面颊上点有两排黑色圆点
为面部彩饰，身穿白地黑花阶梯纹七分袖套头长衫。
纳斯卡男人形陶瓶（图2.14），塑造的男子蓄小胡
子，面颊处有面部彩饰，头裹小格子纹头巾，头巾
上扎黑红相间的头巾带，身穿格子纹套头衫配白色
遮羞布。纳斯卡人物纹彩陶罐（图6.2）[2]，描绘了
一群身穿纯色套头长衫的人。纳斯卡舞蹈纹彩陶杯
（图2.45），外壁描绘的舞者戴红色羽毛状头饰，
身穿黑色短袖套头短衫配红色短裙，裙摆随舞步摆

图6.2 纳斯卡人物纹彩陶罐

动，露出胯间的浅红色遮羞布。从陶器上描绘的服
饰可知套头衫是纳斯卡人的日常服装。

（二）莫切文化套头衫及装束

　　莫切人物形马镫口陶瓶塑造了一位戴圆形耳饰的莫切人，正展示着一件短袖
花纹套头衫（图6.3）[3]。莫切陶器绘画常见有劳作中的莫切人穿短袖或无袖套
头衫。如踏浪棒击海狮的莫切武士穿短袖套头衫和遮羞短裤（图2.77）。又如

1　此图由陈锐拍摄，图中的文物为湖南省博物馆"秘鲁古代文明展——探寻印加帝国的源流"展品，
秘鲁国家考古学人类学历史学博物馆藏品。

2　美国大都会艺术博物馆官网上该文物网址：https://www.metmuseum.org/art/collection/search/310357。

3　美国大都会艺术博物馆官网上该文物网址：https://www.metmuseum.org/art/collection/search/309502。

图 6.3 展示套头衫的莫切人形陶瓶

图 6.4 穿套头衫划桨捕鱼的莫切神人纹

图 6.5 莫切巫师仪式着装

划桨捕鱼的莫切神人穿的是无袖套头衫，腰间系带（图 6.4）[1]。由此可知，套头衫是莫切人日常所穿服装。

仪式中的莫切巫师着装华丽，套头衫上缝缀黄金或白银制作的圆形金属片，套头衫外罩披风或斗篷；头戴神秘且复杂的帽冠；双手戴手套；下穿华丽短裙、

图 6.6 莫切武士搏斗着装

1　此图由陈锐拍摄，图中的文物为湖南省博物馆"秘鲁古代文明展——探寻印加帝国的源流"展品，秘鲁拉斯哈卡斯神殿群博物馆藏品。

护膝和长筒袜（图 6.5）[1]。

战斗中的莫切武士穿套头衫，腰间系带，下身穿短裙或短裤、护膝和长筒袜（图 6.6）[2]。腰带有双头蛇形的，有缝缀金属片装饰的，还有佩杜米刀的。搏斗厮杀中，有的武士手持杜米刀，有的武士执盾，有的武士持棍。持棍最为多见，有的圆棍上安有棍头，棍头有圆环形的和各种狼牙棒形的。从出土的棍头来看，其材质有木质、石质和金属质。

（三）瓦里帝国套头衫及装束

瓦里贵族阶层多穿套头衫，这在瓦里陶器上看得真切。瓦里陶扁壶绘有一名瓦里贵族，上穿菱格纹中袖套头短衫，下穿几何纹围裙，围裙上有束腰带（图3.3）。瓦里人物纹长颈陶瓶描绘一名瓦里贵族，他身穿长款花纹套头衫（图3.24）。瓦里大陶瓮内壁描绘的瓦里神人，她身穿短袖中长款套头衫（图3.23）。可知，瓦里帝国时期依然流行套头衫。

（四）列国时期套头衫及装束

契穆陶器上的祭祀祖先场景（图 5.30）中的人们所穿的都是套头衫，腰间系素色腰带。可见，套头衫仍是列国时期的主流衣衫。

（五）印加帝国套头衫及装束

印加人形陶罐（图 4.7）塑造的印加妇女穿的是套头衫，并系有图案精美的腰带。印加背小尖底陶瓶的妇女和男子身穿的也是腰间系带的套头衫（图4.3）。印加人物纹长颈陶瓶（图6.7a）[3]，下腹部描绘了一组印

图 6.7 印加人物纹长颈陶瓶
a 印加人物纹长颈陶瓶 b 陶瓶上的印加女子服饰

1　此图由湖南博物院潘勇研究员提供。
2　此图由湖南博物院潘勇研究员提供。
3　（意）卡罗琳娜·奥尔西尼编著，赖海清译：《太阳之子的印加》，第 83 页，光明日报出版社，2013 年。

加女性，黑色套头衫外套白色宽大披肩，披肩用胸针固定，套头衫下配黑色长裙，腰间系华美腰带（图 6.7b）[1]。可知，印加帝国时期，套头衫是常见衣衫。

套头衫佩腰带是古秘鲁人最为常见的穿搭。纵观秘鲁古代泥塑和陶塑容器上的套头衫和腰带，可知套头衫变化不大，腰带变化大。从瓦里帝国到印加帝国时期，已不见莫切文化具有神秘感和仪式感的双头蛇形腰带，取而代之的是编织华丽图案的腰带或纯色腰带。

二、帽与冠

从秘鲁古陶器上看，秘鲁印第安人戴帽和冠的历史悠久。从卡拉尔遗址出土的泥塑人像（图 1.1）一直到印加帝国的人形陶塑容器都见有古秘鲁印第安人戴的各式帽冠，下面以古陶器发展脉络分别述之。

（一）陶器形成与发展期所见帽式

陶器形成与发展期，所见帽式较少。陶器上见有出棱护耳帽，如库比斯尼克吹笛男子陶塑（图 1.10），头戴双脊护耳帽，帽下是用线条纹表示的缕缕头发。

（二）陶器繁荣与兴盛期所见帽冠

陶器繁荣与兴盛期，纳斯卡和莫切陶器上有丰富的帽、冠图像。

1. 纳斯卡帽冠

纳斯卡帽子有平顶帽，如舞蹈纹彩陶杯（图 2.45），其上所绘跳舞者头戴棕红色平顶帽；有尖顶帽，如纳斯卡神怪纹彩陶罐（图 2.51）上的人首蛇身怪戴着白色小尖顶帽；有风帽，如纳斯卡武士形陶瓶（图 2.11），塑造了一名戴双角风帽的武士，棕红色的帽子上以白色条纹为饰，帽顶有两个凸起小角，帽沿宽大，护住武士的双耳和后颈。

纳斯卡人男女都有裹头巾的习惯，且头巾式样丰富。纳斯卡武士形陶瓶（图 2.10），塑造了一位武士，他头上裹着方格纹头巾，头巾呈环状。纳斯卡女人形陶瓶（图 2.12），塑造的女子裹着白地黑花的头巾，头巾与套头衫都是黑白花

1　（意）卡罗琳娜·奥尔西尼编著，赖海清译：《太阳之子的印加》，第 83 页，光明日报出版社，2013 年。

几何纹样，搭配和谐。纳斯卡男人形陶瓶（图2.14），塑造的男子头裹黑白相间的方格纹头巾，头巾上系着红白相间的头巾带。

有身份地位的纳斯卡人除了裹头巾，还戴冠饰。纳斯卡武士形提梁彩陶瓶（图2.7）上的武士梳着发髻，裹着头巾，头巾上还佩戴有白色片状的动物形冠饰。纳斯卡地区出土过金属捶揲而成的片状黄金和白银冠饰，这种冠饰多与裹头巾配合使用。纳斯卡武士形陶鼓（图2.8）上彩绘了一名手持梭镖和梭镖器的武士，他头上包裹着蛇形流苏头巾，头巾上套有一顶鹰首环形冠。

2. 莫切帽冠

莫切人物形和肖像形马镫口陶瓶、陶罐和肖像形陶瓶上的人几乎都戴有帽子。身份地位越高的佩戴的冠越大，祭祀仪式上大巫师戴的冠帽最为复杂，是多个冠与帽的组合，显得神秘又威严。莫切帽式极其丰富，有虎形帽、鹰形帽、半球形的瓜皮帽、圆形出棱帽、小环帽、锥形尖顶帽、风帽、头巾等。身份地位高者帽上戴冠，有半月形冠、圆形冠、钺形冠、花冠、羽冠、虎头冠和鹰首冠等。莫切帽冠有丰富图案，如几何纹、火烈鸟纹（图6.8）[1]、蛇纹等。也有纯色帽，但不多见。

莫切陶塑容器上表现的帽是三维立体的全貌呈现。其中，动物形帽尤为生动传神。如莫切鬼夫人妻造型马镫口陶瓶（图6.9a）[2]上鬼夫头戴鹰形帽，

图6.8 莫切武士形马镫口陶瓶及帽上的火烈鸟纹

1　此图由陈锐拍摄，图中的文物为湖南省博物馆"秘鲁古代文明展——探寻印加帝国的源流"展品，秘鲁拉鲁克博物馆藏品。
2　此图由陈锐拍摄，图中的文物为湖南省博物馆"秘鲁古代文明展——探寻印加帝国的源流"展品，秘鲁拉斯哈卡斯神殿群博物馆藏品。

图6.9 莫切鬼夫人妻造型马镫口陶瓶及鹰形帽

图6.10 莫切神人的美洲虎形帽及服饰

鹰眼圆睁，明亮有神，双翅收拢，鹰尾长而华丽。放眼望去，似头上蹲着一只雄鹰。鹰是天空的霸主、天神的信使、莫切人崇拜的对象，莫切人模仿鹰的姿态做成帽（图6.9bc）[1]，既表达信仰，又显身份。又如莫切神人形马镫口陶瓶（图2.54）上神人头戴美洲虎形帽，美洲虎呈卧伏状，张嘴露齿，警觉地目视前方，

---

[1] 此图由陈锐拍摄，图中的文物为湖南省博物馆"秘鲁古代文明展——探寻印加帝国的源流"展品，秘鲁拉斯哈卡斯神殿群博物馆藏品。

美洲虎形帽中部佩以半圆形冠（图 6.10）[1]。神人双耳戴骷髅头式耳饰，脖子上佩环形项饰，身穿套头衫，衣衫上有圆形坠饰，腰系双头蛇形带，手上配腕饰，握武器。神人美洲虎形帽饰和服饰的搭配完美地呈现出战斗状态。

（三）瓦里帝国陶器上所见帽冠

瓦里帝国陶器上的帽式种类不少。有流苏圆帽，如瓦里陶扁壶（图 3.3）所绘的菱格纹圆帽，这种瓦里帽为驼毛制作，其上采用平针技法绣出几何图案，帽缘锁边，下垂长而粗的棕色流苏，似长发。有平顶圆帽，如瓦里人形大陶罐（图 3.25）上的瓦里男子戴的平顶圆帽，帽上饰以章鱼纹。有豹头形帽，如瓦里人首形陶杯（图 3.6），塑造了一名瓦里男性贵族肖像，头戴美洲豹头形帽，豹竖起双耳，张嘴露齿。有四角帽，在瓦里陶器上最为常见，如瓦里双室连体发声陶瓶（图 3.13）上塑造的瓦里贵族戴着四角帽。

图 6.11 头戴钺形冠的契穆神人纹

（四）列国时期陶器上所见帽冠

列国时期陶器上塑造的帽和冠的种类少。有圆帽，契穆人物形马镫口陶瓶（图 3.34d），塑造的男子头戴高圆帽；有尖顶帽，契穆场景造型陶瓶（图 3.34e）上的两个抬物者戴尖顶帽；有半月形冠，契穆蟹神形马镫口陶瓶（图 3.37）塑造的蟹神戴半月形冠；有钺形冠，契穆祭祀场景双室陶瓶（图 3.40）一侧雕刻的契穆神人，头戴钺形冠，身旁相伴的飞鸟也戴钺形冠（图 6.11）[2]。

（五）印加帝国陶器上所见帽

陶器上所见印加帝国的帽式不太丰富。有尖顶风帽，妇女背小尖底陶瓶陶塑容器（图 4.3a）上的妇女头戴尖顶风帽；有小圆帽，印加人形陶罐（图 4.7）上

1　此图由陈锐拍摄，图中的文物为湖南省博物馆"秘鲁古代文明展——探寻印加帝国的源流"展品，秘鲁拉鲁克博物馆藏品。

2　同上。

塑造有小圆帽。

经过梳理可知，秘鲁古代印第安人数千年来一直钟爱戴帽和冠。帽和冠御寒、抵挡风沙、美观，更是身份地位的象征。

从陶器绘画上可知，秘鲁古人的服饰在瓦里帝国之后发生了转折性的大变化。帝国时期，帽式和冠饰趋于简单，已没有莫切和纳斯卡时期的复杂多样。服饰趋于简约，不见繁复佩饰。究其原因，应与萨满教在秘鲁古代社会文明发展进程中影响力下降有关。帝国时期，王权上升，神权不再独大，神权与王权共同维持统治和社会秩序，秘鲁古代社会由神权统治阶段发展到王权统治阶段。当思想观念和社会制度发生变化时，服饰顺应潮流随之改变。帝国时期，王族祭祀时已不再过度依赖于繁复和神秘的服饰，服饰趋向于简化。

第二节　陶器与饮食

从陶器所呈现的图像来看，秘鲁古人的饮食取材广泛。安第斯山脉和太平洋海域提供了众多食物。

一、粮食

古秘鲁人的主食有玉米、土豆、木薯和南瓜等。这些淀粉含量高的粮食类作物被大量塑造和描绘在陶器上。特别是莫切陶工擅长将粮食作物与人和神结合，塑造陶器器身，并描绘五官。如莫切土豆形马镫口陶瓶（图 2.57）的土豆器身上描画有眉毛、眼睛、鼻子和嘴巴，土豆成了土豆神。又如莫切木薯神形马镫口陶瓶（表 2.1 神人造型从左至右第 3 个）上塑造了獠牙神面与木薯相结合的器身造型，一个主木薯上长出数个子木薯，寓意产量高。莫切南瓜神形陶瓶（表 2.1 神人造型从左至右第 4 个）上塑造了獠牙神面与南瓜相结合的造型。这些粮食作物造型陶塑容器表达了对丰收丰产的祈盼。

玉米原产地在美洲，源于生长在中美洲的野生黍类。印第安人对野生玉米持续驯化，于 5000 年前，开始种植现代种玉米，并不断培育和选种，提高玉米颗粒产量，增多玉米品种。玉米营养价值较高，具有超强的耐旱性、耐寒性、耐贫瘠性和极好的环境适应性，是优良的粮食作物。哥伦布发现新大陆后，玉米被带到欧洲，而后传遍世界，晚明时传入我国。

土豆的原产地在南美洲。秘鲁与玻利维亚接壤的高原上有世界海拔最高的大型淡水湖，即的的喀喀湖。这里四周雪山环绕，湖面开阔，中有岛屿，湖水湛蓝，被称为"高原明珠"。的的喀喀湖处于安第斯山环抱中，群峰阻挡了冷空气入侵，湖面终年不冻。冰山上源源不断的融雪汇入湖里，因而水不咸。这里是土豆的原产地，很早就有印第安人在此定居，种植各种土豆，经过人工选种优培，培植出很多土豆品种。土豆也是被哥伦布从新大陆带去欧洲的粮食作物，具有超强适应力且高产。

二、蔬果

秘鲁古陶器描绘了蔬菜和水果类食物，有利马豆、豆荚、辣椒、西红柿、切里莫亚果、茄瓜等。其中，辣椒、西红柿和切里莫亚果的原产地都在南美洲。

三、肉食

秘鲁古代陶器描绘和塑造了秘鲁印第安人的肉食和海产类食物，有羊驼、豚鼠、鹿、鸭、鹅、鱼类、螃蟹、章鱼、龙虾、海豹、海狮等。

羊驼形象大量出现在秘鲁古陶器上。羊驼又名美洲驼，有不同品种，广泛生活在南美安第斯山区以及人工饲养在炎热干旱的太平洋沿海地区。羊驼是秘鲁古人赖以生存的动物。羊驼肉供人食，羊驼毛供人纺织做衣，粪便用作燃料和肥料，皮革和骨头用于制作工具。羊驼是主要的畜力，也是重要的祭品。

豚鼠是南美洲特有的物种，古印第安人很早就开始饲养豚鼠。在库比斯尼克陶器上便塑造有豚鼠形象（图 6.12）[1]，并且陶器上绘有豚鼠群的画面。西班牙人发现新大陆后，将豚鼠带到欧洲当宠物，欧洲人称呼其为荷兰猪。

图 6.12　库比斯尼克豚鼠形马镫口陶瓶

鹿肉是古秘鲁人的肉食，也是献祭的祭品。莫切陶器描绘有在森林里用网状陷阱捕鹿的画面（图 2.69）。昌凯人形陶罐塑造了背着鹿的人（图 3.41）。

秘鲁古陶器描绘和塑造了大量的鱼类、螃蟹、章鱼、龙虾和海狮等，表明秘鲁印第安人食谱里有丰富的海产品。事实亦如此，秘鲁沿海自古海产丰盈，如今仍拥有世界级渔场。其原因是秘鲁沿海水域由南向北有一股强大的洪

1　美国大都会艺术博物馆官网上该文物网址：https://www.metmuseum.org/art/collection/search/316175。

堡寒流，又称秘鲁寒流，带来源源不断的硝酸盐、磷酸盐等营养物质，使浮游生物大量繁殖，为鱼类提供取之不尽的食料。秘鲁沿海虽干旱但拥有丰富海产资源。

四、饮品

秘鲁印第安人生活中最重要的饮品是玉米酒，也称奇查酒。玉米酒用来祭祀、赏赐和日常饮用。秘鲁古代陶器有大量用来盛放和饮用玉米酒的陶瓮、陶瓶和陶杯，如瓦里的大陶瓮、印加的阿黎巴洛陶瓶和凯罗杯等。

莫切马镫口陶瓶中有器身被塑造为制作玉米酒场景的造型（图 6.13）[1]，为研究秘鲁古人酿酒提供了实物资料。该瓶体是仿造真

图 6.13 莫切制作玉米酒场景马镫口陶瓶

实场景制作的微缩模型，在长方形灶台上置一敞口锅，锅旁置一带小流口的罐，一名男子握着长柄锅铲在锅内搅拌，其身旁的女子正用陶罐往锅内倾倒。这个场景是制作啤酒工序中的一个重要环节。在酿制啤酒过程中有一个边加热边搅拌玉米芽（碾磨而成的碎玉米）和水的工序，这个搅拌的过程就是让玉米芽糖化的过程。此陶瓶塑造了一个女子往锅里倒水、男子搅拌、锅旁的罐用来盛放糖化的玉米芽汁的情景。该造型也证实了莫切文化时期人们酿造的玉米酒是啤酒，而非蒸馏酒。

印加陶器里有一种印加祭祀仪式陶塑（图 6.14）[2]，与玉米酒紧密相关。此陶塑由犁、

图 6.14 印加祭祀仪式陶塑

1　中国国家博物馆编：《失落的经典：印加人及其祖先珍宝精粹》，第 161 页，中国社会科学出版社，2006 年。

2　美国大都会艺术博物馆官网上该文物网址：https://www.metmuseum.org/art/collection/search/314955。

玉米棒和阿黎巴洛瓶三部分组成，寓意玉米酒从地里的玉米到瓶中的美酒所经过的四季。这种陶塑下半部是一把印加犁，犁把和犁头用绑绳捆牢固定，这种犁在今天安第斯山区依然可见。陶塑上的印加犁代表春耕播种；玉米棒象征秋的收获；阿黎巴洛瓶寓意玉米酒。在祭祀仪式上，玉米酒从阿黎巴洛瓶口倒出，美酒满瓶四溢，浸润玉米和犁，滋养脚下土地，表达丰收的喜悦和感谢神的赐福，祈盼来年好收成。

在饮食方面，值得一提的是古柯叶。秘鲁陶工塑造了咀嚼古柯叶的人，其一侧腮帮突出个小圆包，表情兴奋愉悦，可知正咀嚼着古柯叶。古柯叶中含有多种生物碱，能使中枢神经兴奋，因而秘鲁印第安人有咀嚼古柯叶以消除疲劳、缓解饥饿的习惯。

第三节　陶器与建筑

秘鲁古陶器上塑造的建筑不多，主要有院落住宅、神庙、祭台和凉亭等。

一、住宅

雷瓜伊陶器里有院落住宅造型陶罐（图 2.80）。此罐塑造了一座两层楼建筑，结构为四合院形式，内为方形庭院，两侧是二层干栏式房屋，另两侧为墙体，墙体上开有门（图 6.15）[1]。雷瓜伊陶器还有建有碉楼的宅院造型陶罐[2]。

图 6.15　雷瓜伊院落住宅造型陶罐及其细部

契穆陶器有民居造型的马镫口陶瓶（图 6.16）[3]。从这件陶瓶的瓶身可知，契穆人的住宅中有类似一正两厢的民居。这种民居为独栋建筑，屋顶为陡斜坡式，正房居中，厢房在正房两侧，对称分布。

印加陶器亦有院落住宅造型陶器（图 6.17）[4]。通过此陶器可知，印加人的住宅中有类似四合院的民居。这种民居为四面围合的墙内建造数栋单体建筑，中间形成院落。

1　此图由陈锐拍摄，图中的文物为湖南省博物馆"秘鲁古代文明展——探寻印加帝国的源流"展品，秘鲁中央银行附属博物馆藏品。

2　Christopher B. Donnan: *Ceramics of Ancient Peru*, Regents of the University of California,1992, P79.

3　（意）卡罗琳娜·奥尔西尼编著，赖海清译：《太阳之子的印加》，第 91 页，光明日报出版社，2013 年。

4　（意）卡罗琳娜·奥尔西尼编著，赖海清译：《太阳之子的印加》，第 90 页，光明日报出版社，2013 年。

图 6.16 契穆民居造型马镫口陶瓶   图 6.17 印加院落住宅造型陶器

二、神庙

神庙是古秘鲁人最重要的祭祀场所，莫切陶器有神庙造型的马镫口陶瓶。从莫切神庙造型马镫口陶瓶（图6.18）[1]可知，莫切神庙由砖块砌成，神庙高大，分有数层，下有台基和排水孔，中间有栏杆式联排窗户和挑檐挑窗，上有多个单斜坡屋顶建筑。神庙外观被涂成红与黄相间的颜色，气势宏伟。如今矗立在莫切河谷的太阳金字塔神庙为砖石建筑，外观被涂成红色，由于遭风化和人为严重破坏，仅剩三分之一，庙顶建筑已荡然无存。结合这件陶瓶，可推测太阳金字塔神庙曾经辉煌的模样。

图 6.18 莫切神庙造型马镫口陶瓶

三、祭台

祭台是重要的祭祀场所，莫切陶器有祭台造型的马镫口陶瓶。从莫切祭台造型马镫口陶瓶（图6.19）[2]可知，莫切祭台的台基筑得高，为四层高台，螺旋上升，

1　中国国家博物馆编：《失落的经典：印加人及其祖先珍宝精粹》，第146页，中国社会科学出版社，2006年。
2　此图由陈锐拍摄，图中的文物为湖南省博物馆"秘鲁古代文明展——探寻印加帝国的源流"展品，秘鲁国家考古学人类学历史学博物馆藏品。

图 6.19 莫切祭台造型马镫口陶瓶

最上层为平台，其上建有斜坡顶四柱方亭。亭内
的莫切王头戴尖顶帽，戴耳饰和项饰，手持权杖，
跽坐于地，作祭祀状。

四、凉亭

凉亭是供人休憩之所。秘鲁古陶器有凉亭造
型的马镫口陶瓶。契穆马镫口陶瓶（图 3.36）上
塑造了一凉亭。凉亭搭建在地面不平整的两级台
地上，一面墙体、两根立柱支撑屋顶，屋顶为一
面坡式（图 6.20）[1]，似中国的吊脚亭。亭内蹲
坐着一位正在休息的契穆人。

图 6.20 契穆马镫口陶瓶上的凉亭

1　美国大都会艺术博物馆官网上该文物网址：https://www.metmuseum.org/art/collection/search/308415。

第四节　陶器与出行

秘鲁古陶器塑造了秘鲁印第安人的出行方式，有水路和陆路两种。

一、水路

水路出行用芦苇船。莫切船形马镫口陶瓶整体造型为一艘大型金枪鱼形的芦苇船（图2.71），莫切巫师用一根宽扁的木桨划船出行。莫切神人划船图圆腹马镫口陶瓶（图2.59）描绘了一幅生动的画面，表现了莫切神人划着宽桨，驾着月牙形虎头芦苇船在大海上捕鱼的景象。

二、陆路

陆路出行主要靠步行。秘鲁印第安人没有发明带轮子的车，也没有马。秘鲁多崎岖山路，当地人主要的出行方式是徒步。带羊驼出行场景陶罐（图6.21）[1] 塑造了一位雷瓜伊人抱着小羊驼、带着大羊驼行走在路上的场面。运送较重的物资靠大羊驼，但羊驼在负载过重或力竭时，便躺下嘶叫，拒不前行。人背物资的造型在秘鲁古陶器上十分常见。如莫切妇女形马镫口陶瓶（图6.22）[2] 的瓶身是一名头戴风帽、身穿套头衫的莫切妇女负重前行的造型。又如昌凯人形陶罐（图3.41）的罐身为一个背上扛着雌鹿的男子造型。再如男子背小尖底陶瓶陶塑容器（图4.3b）的器身

图6.21 雷瓜伊带羊驼出行场景陶罐

1　美国大都会艺术博物馆官网上该文物网址：https://www.metmuseum.org/art/collection/search/310594。
2　美国大都会艺术博物馆官网上该文物网址：https://www.metmuseum.org/art/collection/search/308546。

图 6.22　莫切妇女形马镫口陶瓶

是一个背着小尖底陶瓶的男子造型。古秘鲁人靠肩和背运输物资，而不用头部顶着货物，可能与路窄又崎岖有关，背在背上比顶在头上更适合崎岖山路。

骑羊驼是陆路出行的一种方式。骑羊驼形马镫口陶瓶（图 6.23）[1] 的瓶身为一个头戴圆帽的嘴唇有疾的莫切人，骑着大羊驼出行的造型。大羊驼平均肩高 120 厘米，能驮载 45—60 公斤，而成人体重普遍超过了大羊驼的负重，故骑羊驼出行并不多见。

秘鲁古陶器丰富的造型和纹饰为研究古代秘鲁印第安人日常生活提供了大量实物资料。因此，秘鲁古陶器在某种意义上弥补了古代秘鲁无文字和文献记载历史文化信息的不足。

图 6.23　莫切骑羊驼形马镫口陶瓶

1　此图由秘鲁中央银行附属博物馆提供，图中的文物为湖南省博物馆"秘鲁古代文明展——探寻印加帝国的源流"展品。

结 语

　　秘鲁位于南美洲西部偏北，是南美洲文明的重要发祥地。秘鲁地势总体呈中间高、两边低的格局。中部是安第斯山脉，西部是山谷、沙漠和太平洋，东部是亚马孙热带雨林。特殊的地理环境决定了秘鲁古代文明沿着安第斯山脉西侧河谷地带发展。文明发展初期，北部文明对南部为直接性输入。烧陶技术亦如此，从厄瓜多尔传入秘鲁北部，沿着安第斯山脉从北部向南部传播。

　　我们通过对秘鲁古陶器胎彩、造型、纹饰和工艺等方面的综合研究，将秘鲁古陶器发展历程分为四大阶段。

　　公元前 1800 年至公元前 100 年，秘鲁北部的查文陶器、库比斯尼克陶器、登布拉德拉陶器以及南部的帕拉卡斯陶器是秘鲁陶器形成与发展阶段的主要陶器类型。其中，查文陶器最具影响力。查文陶工融合秘鲁北部海滨和山区的制陶工艺，生产出具有强烈宗教特色的陶器，对其他陶器类型产生极大影响。这一时期，秘鲁古陶器无论是造型还是纹饰均带有深深的宗教文化烙印。

　　公元前 100 年至公元 700 年，秘鲁北部的莫切陶器及其影响下的加伊纳索陶器、雷瓜伊陶器和卡哈马卡陶器以及南部的纳斯卡陶器是秘鲁陶器繁荣与兴盛阶段的主要陶器类型。其中，纳斯卡陶器取得了革命性的技术进步。纳斯卡陶器突破了帕拉卡斯彩绘陶先烧陶、再用树脂黏接彩料涂抹纹饰的局限，采用先施彩后烧陶的技术，烧造出多达十几种颜色的彩陶，对秘鲁后世彩陶影响深远。这是秘鲁古陶器发展史上一个里程碑式的进步，也让纳斯卡彩陶在世界彩陶史上占有一席之地。莫切陶器获得了造型上的辉煌成就。莫切陶器不断融合创新，将秘鲁古陶器的造型能力推向新高。各种植物、动物、人物、人与植物合体神、人与动物合体神、肖像、动物头、骷髅、建筑以及体现莫切宗教信仰和社会生产生活的各种场景都被塑造成陶器，这在世界陶瓷史上亦属罕见。

公元700年至公元1470年为秘鲁陶器发展的融合与停滞阶段。瓦里帝国陶器是秘鲁陶器发展融合期的产品。瓦里陶器依据自身需要，选择性地继承和融合了各地陶器在造型、纹饰和工艺等方面的长处。瓦里烧造了大量极具瓦里特色的体形硕大的陶器，满足帝国祭祀所需。这些高度达80厘米或口径达80厘米的陶器在制作和烧造上难度相当大，代表瓦里陶器最高生产水平。列国时期秘鲁陶器发展进入停滞期。西坎陶器、契穆陶器、昌凯陶器和钦查陶器是这一时期的主要陶器类型。它们在用彩、造型、纹饰上没有创新，在技术和工艺上亦无进步。这个时期陶器大量运用模具一体化成型，制作效率高，质量却大不如前。

公元1470年至公元1572年是秘鲁陶器发展的趋同与衰落阶段。印加帝国时期是秘鲁古陶器发展历史长河中的最后辉煌。陶器在胎彩、器形、造型、装饰和工艺上走向标准化，具有印加帝国统一风格，秘鲁古陶器进入趋同发展阶段。印加人在继承前印加时期陶器制作和装饰技术的基础上，结合宗教、庆典仪式和生产生活所需，烧造统一规范化的印加陶器。高度超过100厘米的大尖底陶瓶代表印加帝国陶器制作和烧造工艺最高水平。印加帝国突然土崩瓦解，秘鲁古陶器发展随之衰退。此时，受欧洲釉陶影响，秘鲁始烧釉陶器，装饰纹样上出现欧洲文化元素。

秘鲁古陶器凝聚了印第安人的精神信仰。持续烧造两千多年的马镫口陶瓶蕴含了秘鲁古人的宇宙生成观。秘鲁古陶器上大量与萨满教相关的造型和纹饰提供了萨满教社会的视觉形象和图像，真实再现当时景象，弥足珍贵。这些古陶器对研究萨满教文明具有重要意义，尤其是对研究环太平洋国家早期文明中的萨满教社会形态极具价值。

秘鲁古陶器上的绘画具有叙事性写实主义风格，展现了秘鲁印第安人的生活画卷，加之陶器造型记录了古秘鲁人祭祀仪式和生产生活中的各种场景，这在一定程度上弥补了无文字记载历史文化的缺陷。通过对秘鲁古代陶器绘画和造型研究，我们清楚地看到秘鲁古史呈现出两大发展阶段。第一阶段，从查文到莫切－纳斯卡文化时期，陶器上可看到大量搏杀、战斗和人祭场面，此时为神权统治阶段，以巫术治国。第二阶段，从瓦里帝国至印加帝国时期，陶器上的神灵形象趋向单一化，神更像人，此时为王权统治阶段，王权日益上升，逐步取代神权。

纵观世界各国各时期的古陶瓷器，秘鲁古陶器最突出成就在于器身造型与容器实用功能完美结合。秘鲁陶工强大的陶器造型能力以及将古秘鲁人的精神信仰和社会生活融入陶器造型中的实力，让秘鲁古陶器屹立于世界陶瓷之林。

参考书目

[1] 张光直：《考古学专题六讲》，文物出版社，1986年。

[2] （美）戴尔·布朗主编，陈雪松译：《安第斯之谜：寻找黄金国》，广西人民出版社，2002年。

[3] （美）戴尔·布朗主编，段长城译：《印加人：黄金与荣耀的主人》，华夏出版社，2002年。

[4] 中国国家博物馆编：《失落的经典：印加人及其祖先珍宝精粹》，中国社会科学出版社，2006年。

[5] （美）克里斯蒂娜·胡恩菲尔特著，左晓园译：《秘鲁史》，东方出版中心，2011年。

[6] （意）卡罗琳娜·奥尔西尼编著，赖海清译：《太阳之子的印加》，光明日报出版社，2013年。

[7] 张光直：《中国考古学论文集》，生活·读书·新知三联书店，2013年。

[8] 苑杰：《传统萨满教的复兴：对西伯利亚东北亚和北美地区萨满教的考察》，社会科学文献出版社，2014年。

[9] 牛建军、刘白玉编著：《探寻古印加》，中州古籍出版社，2014年。

[10] 李泽厚：《由巫到礼 释礼归仁》，生活·读书·新知三联书店，2015年。

[11] （美）米尔恰·伊利亚德著，段满福译：《萨满教：古老的入迷术》，

社会科学文献出版社，2018 年。

[12] 赵鸥编：《安第斯文明特展：探寻印加帝国的起源》，文物出版社，2019 年。

[13]（意）阿尔贝托·西廖蒂主编，王俊逸译：《尘封的盛世：探寻古代文明的无价宝藏》，华中科技大学出版社，2019 年。

[14] 何国世：《秘鲁史：太阳的子民》，三民书局股份有限公司，2019 年。

[15] Alan R. Sawyer:*Ancient Peruvian Ceramics the Nathan Cummings Collection*, New York Graphic Society,1966.

[16] Christopher B. Donnan: *Ceramics of Ancient Peru*,Regents of the University of California,1992.

[17] Helaine Silverman and William H.Isbell:*The Handbook of South American Archaeology*,Springer,2008.

[18] 松本亮三:《ペルー黄金展図録》,株式会社　フジテレビジョン,1998年。

附　录

译名对照

Ayacucho 阿亚库乔

Arequipa 阿雷基帕

Caral 卡拉尔

Acari 阿卡里

Cupisnique 库比斯尼克

Cajamarca 卡哈马卡

Chan Chan 昌昌

Chavín 查文

Chavín de Huantar 查文·德万塔尔

Chancay 昌凯

Chongoyape 琼戈亚佩

Chicama 奇卡玛

Chimú 契穆

Chincha 钦查

Cuzco 库斯科

Gallinazo 加伊纳索

Huarmey 华尔美

Ica 伊卡

Inca 印加

Jequetepeque 杰克特佩克

Lambayeque 兰巴耶克

Lima 利马

Manchay 曼奇

Machu Picchu 马丘比丘

Moche 莫切

Nasca 纳斯卡

Paracas 帕拉卡斯

Pacheco 帕切科

Pacopampa 帕科帕姆帕

Pisco 皮斯科

Piura 皮乌拉

Recuay 雷瓜伊

Sicán 西坎

Sipan 锡潘

Tembladera 登布拉德拉

Lake Titicaca 的的喀喀湖

Tiahuanaco 迪亚瓦纳科

Wari 瓦里

主要藏品来源

1 Museo Nacional de Arqueologia,Antropologia e Historia del Perú
   秘鲁国家考古学人类学历史学博物馆

2 Museo Arqueologico "Santiago Uceda Castillo"
   秘鲁拉斯哈卡斯神殿群博物馆

3 Museo Arqueológico Nacional Brüning
   秘鲁布鲁宁国家考古博物馆

4 Museo Nacional Sicán
   秘鲁西坎国家博物馆

5 Museo Nacional Chavín
   秘鲁查文国家博物馆

6 Banco Centrel de Reserva del Perú
   秘鲁中央银行附属博物馆

7 Asociaciún Rafael Larco Hoyle
   秘鲁拉鲁克博物馆

8 Asociación Museo de Arte de Lima
   秘鲁利马博物馆

9 Fundación Pedro y Angélica de Osma Gildemeister
   秘鲁佩德罗德奥斯马博物馆

10 Metropolitan Museum of Art
   美国大都会艺术博物馆

11 Fowler Museum of Cultural History
   美国洛杉矶市福勒文化史博物馆

12 Cleveland Museum of Art
   美国克利夫兰美术馆

后　记

　　我第一次接触秘鲁古陶器是在美国大都会艺术博物馆。当时只觉得秘鲁古陶器造型奇特，却未深究。机缘巧合，两年后的2020年，湖南省博物馆主办"秘鲁古代文明展——探寻印加帝国的源流"，我有幸参与了策展工作。本次展览的展品来自秘鲁11家博物馆，计157件（套），其中大部分为秘鲁古陶器。因此，我得以近距离观察和研究秘鲁古陶器的胎、彩、造型、纹饰和制作工艺，思考不同时期和不同地区秘鲁古陶器的传承关系和相互影响与融合。在搜集秘鲁古陶器相关资料的过程中，我发现还没有专门研究秘鲁古陶器的中文书籍，中文论文也仅数篇。由此产生撰写本书的初心，开启了一段研究秘鲁古陶器及其蕴含的秘鲁古代文化的学术历程。

　　在本书即将付梓之际，我首先要感谢的是李建毛教授。十八年前，恩师传授我中国古陶瓷鉴定知识和古陶瓷文化，带我走进了古陶瓷的一方天地。同时我特别感谢喻燕姣研究员多年以来对我研究工作的指导和支持，以及对本书撰写的鼓励和文字的校对。我还要感谢潘勇研究员、赵鸥博士和钱灵馨女士提供的相关图片，张涛研究员为本书绘制的器物纹饰展开图，李青会教授和王梓骁博士为本书提供的英文文献资料。最后我要对在本书写作过程中给予我帮助的师长和同仁致以衷心的感谢。